BESTACTIVITYBOOKS.COM

Copyright © 2022 LINGUAS CLASSICS

Tutti i diritti riservati. Nessuna parte di questo libro può essere riprodotta o usata in alcun modo senza il permesso scritto del detentore del copyright, eccetto per l'uso di citazioni in una recensione del libro.

PRIMA EDIZIONE 2022

Illustrazione Grafica Extra: www.freepik.com
Grazie a Alekksall, Starline, Pch.vector, Rawpixel.com,
Vectorpocket, Dgim-studio, Upklyak, Macrovector,
Stockgiu, Pikisuperstar & Freepik.com Designers

Scoprire i Giochi Gratuiti Online

Disponibile Qui:

BestActivityBooks.com/FREEGAMES

5 CONSIGLI PER INIZIARE

1) COME RISOLVERE LE PAROLE INTRECCIATTE

I puzzle hanno un formato classico:

- Le parole sono nascoste senza spazi o trattini,...
- Orientamento: Le parole possono essere scritte in avanti, indietro, verso l'alto, verso il basso o in diagonale (possono essere invertite).
- Le parole possono sovrapporsi o intersecarsi.

2) APPRENDIMENTO ATTIVO

Accanto ad ogni parola c'è uno spazio per scrivere la traduzione. Per incoraggiare l'apprendimento attivo, un **DIZIONARIO** alla fine di questa edizione vi permetterà di controllare e ampliare le vostre conoscenze. Cerca e scrivi le traduzioni, trovale nel puzzle e aggiungile al tuo vocabolario!

3) SEGNARE LE PAROLE

Puoi inventare il tuo sistema di segni. Forse ne usi già uno? Per esempio, puoi segnare le parole difficili da trovare con una croce, le parole preferite con una stella, le parole nuove con un triangolo, le parole rare con un diamante, e così via.

4) STRUTTURARE L'APPRENDIMENTO

Questa edizione offre un **TACCUINO** alla fine del libro. In vacanza, in viaggio o a casa, puoi organizzare facilmente le tue nuove conoscenze senza bisogno di un secondo quaderno!

5) AVETE FINITO TUTTE LE GRIGLIE?

Nelle ultime pagine di questo libro, nella sezione della **SFIDA FINALE**, troverete un gioco gratuito!

Facile e veloce! Dai un'occhiata alla nostra collezione di libri di attività per il tuo prossimo momento di divertimento e **apprendimento,** a portata di clic!

Trova la tua prossima sfida su:

BestActivityBooks.com/MioProssimoLibro

Ai vostri posti, pronti...Via!

Sapevi che ci sono circa 7.000 lingue diverse nel mondo? Le parole sono preziose.

Amiamo le lingue e abbiamo lavorato duramente per creare libri di altissima qualità. I nostri ingredienti?

Una selezione di argomenti adatti all'apprendimento, tre buone porzioni di intrattenimento, una cucchiaiata di parole difficili e una spolverata di parole rare. Li serviamo con amore e entusiasmo in modo che tu possa risolvere i migliori giochi di parole e divertirti imparando!

La vostra opinione è essenziale. Puoi partecipare attivamente al successo di questo libro lasciandoci un commento. Ci piacerebbe sapere cosa ti è piaciuto di più di questa edizione.

Ecco un link veloce alla pagina dell'ordine:

BestBooksActivity.com/Recensione50

Grazie per il vostro aiuto e buon divertimento!

Tutta la squadra

1 - Scacchi

```
O  Z  W  O  H  S  K  O  N  K  U  R  S  O
I  H  E  K  O  N  T  R  A  Ŭ  U  L  O  G
Q  V  G  B  P  F  F  R  E  G  U  L  O  J
P  N  P  L  E  M  A  P  A  S  I  V  A  M
L  U  D  A  N  T  O  X  O  T  P  I  W  D
U  B  J  N  I  U  O  H  G  L  E  V  F  I
D  S  H  K  G  X  Ĉ  N  B  B  H  G  J  A
O  O  G  A  R  M  H  A  R  H  Z  J  I  G
A  A  F  M  A  N  H  R  M  Y  L  S  S  O
V  T  G  E  O  G  T  E  M  P  O  D  Q  N
Q  D  Q  X  R  R  S  Ĝ  X  S  I  C  L  A
R  E  Ĝ  O  D  O  L  I  I  N  M  O  W  L
P  U  N  K  T  O  J  N  B  Y  O  H  N  A
C  O  N  L  K  I  V  O  T  U  R  N  O  O
```

KONTRAŬULO	PUNKTOJ
BLANKA	REĜO
ĈAMPIONO	REĜINO
KONKURSO	REGULOJ
DIAGONALA	OFERO
LUDANTO	STRATEGIO
LUDO	TEMPO
NIGRA	TURNO
PASIVA	

2 - Strumenti

```
G A N U L K V K B E I Y K S
P L M A L E O O I O L I F A
Ŝ T U P E T A R O A W O M J
T J V O R W I G M G T X Z W
L T I Q X T H R N R E E Y L
K R D K O O I A J A N L Y X
Ŝ A V M K N K Z K F A Q R T
O N W M L D X I A I J O A C
V Ĉ U A Q I E L B L L T D L
E I X R H L N O L O O O O J
L L I T O O L C O E J R H K
I O L E Ŝ R A Ŭ B O N Ĉ D V
L A C L A W O C Z O U O S Y
O L A O K C M W L G H B E R
```

HAKILO   MARTELO
KABLO   ŜOVELILO
GLUO   TENAJLOJN
TRANĈILO   RAZILO
ŜNURO   RADO
AGRAFILO   ŜTUPETARO
TONDILO   TORĈO
MALEO   ŜRAŬBO

3 - Aggettivi #2

```
M  A  L  S  A  T  A  V  N  I  F  Z  E  R
S  E  K  A  T  W  O  M  O  Q  R  X  L  E
N  K  F  P  R  I  S  K  R  I  B  A  E  S
B  O  R  L  U  D  X  K  M  E  I  Y  G  P
B  R  V  E  M  R  T  N  A  T  U  R  A  O
Y  A  W  A  A  T  A  F  L  G  B  A  N  N
I  N  T  E  R  E  S  A  A  K  H  F  T  D
P  R  O  D  U  K  T  I  V  A  J  I  A  E
D  C  F  O  A  Ŭ  T  E  N  T  A  E  P  P
R  H  I  L  M  S  V  U  U  Z  F  R  W  Q
A  S  T  Ĉ  F  O  R  T  A  I  M  A  X  U
M  A  G  A  A  S  M  Y  K  S  A  L  A  J
A  N  Q  V  M  X  O  S  H  R  W  I  T  O
N  A  R  L  A  O  B  O  Z  C  S  R  C  D
```

MALSATA	INTERESA
SEKA	NATURA
AŬTENTA	NORMALA
KREA	NOVA
PRISKRIBA	FIERA
DOLĈA	PRODUKTIVA
DRAMAN	PURA
ELEGANTA	RESPONDE
FAMA	SALAJ
FORTA	SANA

4 - Mobili

```
L L D O K U S E N O J V L L
N H D E W J T B R E T O J I
B R A K S E Ĝ O E D N C B T
K U R T E N O J G N R T S O
T L C J E Z H A M A K O G G
H Z W G U K H U J D S O N Y
S K R I B O T A B L O O M Y
E M I V H O A K D A H D F T
E M A A F A P U T M B Q H O
L V F T M A I S H P G N R H
S E Ĝ O R E Ŝ E N O I V C V
M I D D J A O N O H M G B E
U R H N Z U C O J C O D B I
S P E G U L O O N V W Y Q I
```

HAMAKO
KUSENOJ
KUSENO
SOFO
LAMPO
LITO
MATRACO
BENKO

BRAKSEĜO
BRETOJ
SKRIBOTABLO
SEĜO
SPEGULO
TAPIŜO
KURTENOJ

5 - Pesca

```
P  L  A  Ĝ  O  X  T  L  B  V  Y  B  P  D
D  A  K  V  O  M  D  Y  A  Q  T  P  Q  R
A  H  C  A  X  B  E  V  N  G  W  N  W  A
M  O  R  I  B  R  I  K  O  J  O  V  L  T
A  K  O  K  E  D  Y  T  N  Q  B  I  E  O
K  O  L  N  Z  N  A  Ĝ  I  L  O  J  K  R
Z  U  M  N  M  T  C  C  X  C  A  A  I  I
E  P  I  B  Q  Q  G  O  V  M  T  T  P  V
L  E  S  R  R  V  K  O  R  B  O  R  A  E
O  Z  E  J  I  O  C  E  A  N  O  O  Ĵ  R
I  O  Z  M  C  S  M  F  W  K  U  I  O  O
A  Q  O  Y  Z  P  T  H  U  G  K  G  N  X
S  C  N  S  M  S  L  O  G  A  Ĵ  O  M  M
G  O  O  D  V  M  L  I  M  Q  V  T  D  X
```

AKVO	HOKO
EKIPAĴO	LAGO
BOATO	MAKZELO
BRIKOJ	OCEANO
KORBO	PACIENCO
KUIRISTO	PEZO
TROIGO	NAĜILOJ
LOGAĴO	PLAĜO
DRATO	SEZONO
RIVERO	

6 - Aggettivi #1

```
G  T  I  B  A  S  A  G  H  A  H  A  Q  H
N  R  C  D  Z  B  R  R  T  K  O  K  A  C
R  N  A  Z  E  Q  T  A  E  T  N  M  Y  L
R  H  E  N  X  N  A  V  B  I  E  O  W  O
O  I  K  E  D  E  T  A  Q  V  S  D  T  N
M  G  Z  X  G  A  N  A  Z  A  T  E  R  G
A  R  O  M  A  J  M  V  A  L  O  R  A  A
L  A  T  Q  P  Y  U  A  G  D  I  N  J  U
R  N  A  H  S  Q  G  S  L  I  K  A  U  C
A  D  A  M  B  I  C  I  A  A  A  V  N  O
P  E  Z  A  E  X  K  K  G  S  V  I  A  K
I  G  P  E  R  F  E  K  T  A  Z  A  G  E
D  A  B  S  O  L  U  T  A  D  S  M  R  A
A  M  A  L  D  I  K  A  N  V  T  H  E  A
```

AMBICIA	IDENTA
AROMAJ	GRAVA
ARTA	MALRAPIDA
ABSOLUTA	LONGA
AKTIVA	MODERNA
GRANDEGA	HONESTO
EKZOTA	PERFEKTA
MALAVARA	PEZA
JUNA	VALORA
GRANDA	MALDIKA

7 - Geologia

```
S  P  M  Q  N  Q  B  K  L  M  N  Q  P  I
Z  T  K  R  I  S  T  A  L  O  J  V  W  K
U  H  A  S  S  H  J  V  U  L  K  A  N  O
U  Q  Z  L  I  Q  C  E  R  O  Z  I  O  N
L  R  Q  L  A  T  E  R  T  R  E  M  O  T
T  L  D  L  O  G  F  N  Z  A  C  A  L  I
A  O  A  M  F  K  M  O  Y  O  N  C  R  N
V  L  E  V  B  N  E  I  S  G  Y  I  K  E
O  S  O  V  O  M  V  V  T  I  A  D  O  N
L  J  K  A  L  C  I  O  Q  O  L  O  R  T
O  M  I  N  E  R  A  L  O  J  J  O  A  O
Q  D  D  K  V  A  R  C  O  C  J  J  L  U
Ŝ  T  O  N  O  S  A  L  O  W  I  V  O  M
S  T  A  L  A  K  T  I  T  O  O  O  M  R
```

ACIDO	MINERALOJ
KALCIO	ŜTONO
KAVERNO	KVARCO
KONTINENTO	SALO
KORALO	STALAGMITOJ
KRISTALOJ	STALAKTITO
EROZIO	TAVOLO
FOSILO	TERTREMO
LAVO	VULKANO

8 - Campeggio

```
T  F  H  K  R  K  M  W  U  I  Y  R  S  B
E  Ĉ  A  S  A  D  O  U  L  U  A  U  M  V
N  A  M  J  J  I  N  S  E  K  T  O  S  J
D  P  A  Q  R  C  T  N  D  O  K  J  Ŝ  H
O  E  K  W  U  O  O  K  Q  M  L  U  N  O
K  L  O  K  A  B  A  N  O  P  H  W  U  N
A  O  Z  R  M  A  P  O  X  A  X  R  R  X
N  M  Y  U  L  J  I  S  A  S  N  N  O  N
U  L  U  N  A  R  B  O  J  O  B  U  C  Z
O  V  G  Z  X  R  N  A  T  U  R  O  X  N
W  T  L  B  A  P  B  B  E  S  T  O  J  S
T  E  Y  F  N  A  H  A  P  P  P  Z  C  D
A  V  E  N  T  U  R  O  R  L  A  G  O  R
J  P  K  M  G  K  J  T  Q  O  N  V  A  L
```

ARBOJ	AMUZA
HAMAKO	ARBARO
BESTOJ	FAJRO
AVENTURO	INSEKTO
KOMPASO	LAGO
KABANO	LUNO
ĈASADO	MAPO
KANUO	MONTO
ĈAPELO	NATURO
ŜNURO	TENDO

9 - Arti Visive

```
J  M  Q  D  F  Q  Ĉ  G  L  A  Z  U  R  O
V  A  R  K  I  T  E  K  T  U  R  O  S  X
A  F  I  L  M  O  F  A  Ŝ  K  C  M  K  C
K  R  H  X  R  X  V  R  A  E  H  U  O
S  C  T  C  N  P  E  B  B  A  R  L  L  F
O  C  V  I  M  O  R  O  L  J  A  A  P  K
R  R  R  Q  S  R  K  W  O  O  M  R  T  R
V  T  D  M  Z  T  O  E  N  N  I  G  A  E
U  K  F  U  A  R  O  S  A  O  K  I  Ĵ  A
P  E  R  S  P  E  K  T  I  V  O  L  O  V
L  X  D  E  O  T  V  A  B  F  K  O  J  O
U  S  X  N  T  O  X  B  Y  R  O  L  B  H
M  M  F  D  A  O  J  L  Y  K  Q  T  Y  O
O  I  M  K  O  M  P  O  N  A  D  O  O  U
```

ARKITEKTURO	FILMO
ARGILO	FOTO
ARTISTO	KRETO
ĈEFVERKO	KRAJONO
KARBO	PLUMO
ESTABLO	PERSPEKTIVO
VAKSO	PORTRETO
CERAMIKO	SKULPTAĴO
KOMPONADO	ŜABLONA
KREAVO	GLAZURO

10 - Esplorazione

```
T  R  V  A  U  V  I  N  X  L  S  X  A  N
B  E  S  T  O  J  N  Y  S  I  K  W  K  O
K  U  R  A  Ĝ  O  G  Y  O  N  D  Y  T  V
K  P  Z  E  Q  W  E  C  V  G  L  B  I  A
I  H  D  A  N  Ĝ  E  R  A  V  G  O  V  N
P  W  J  O  J  O  E  B  Ĝ  O  E  R  E  E
E  L  K  O  V  O  U  C  A  O  V  G  C  K
E  K  S  C  I  T  O  S  P  A  C  O  O  O
K  U  L  T  U  R  O  J  F  O  K  V  J  N
D  E  T  E  R  M  I  N  O  M  P  O  J  A
Q  W  E  L  Ĉ  E  R  P  I  Ĝ  O  J  C  T
R  E  Z  I  F  D  V  A  A  P  B  A  W  A
J  G  V  S  P  G  P  E  F  S  B  Ĝ  F  S
N  S  P  U  K  Z  P  Q  O  Z  O  O  U  L
```

BESTOJ
AKTIVECO
KURAĜO
KULTUROJ
DETERMINO
EKSCITO
ELĈERPIĜO
LINGVO

NOVA
DANĜERA
NEKONATA
ELKOVO
SOVAĜA
SPACO
TERENO
VOJAĜO

11 - Tempo

```
H V O X I M I N U T O H M K
O A Q E S T O N T E C O T A
D G U P G W Q M F P W R A L
I J O O Z O W Q E A T L G E
A B J S A H F U F N M O M N
Ŭ A A T X I N J L T T Ĝ E D
S L R K E E M O N A T O Z A
E D O B F R M J K Ŭ D U O R
M A Z X T A H A H T C P B O
A Ŭ A I A Ŭ O R T I O N R B
J V G W G X R D J E R S T C
N N S X O F A E I V N Z P S
O E A E J B M K Q K D O C K
J A R C E N T O Y M K T G S
```

JARO	MINUTO
KALENDARO	MOMENTO
JARDEKO	NOKTO
POST	HODIAŬ
ESTONTECO	HORA
TAGO	HORLOĜO
HIERAŬ	BALDAŬ
MATENO	ANTAŬ
MONATO	JARCENTO
TAGMEZO	SEMAJNO

12 - Astronomia

```
G T A K O N S T E L A C I O
R E S N E B U L A Z O L Z R
A L T A S T R O N O M O P E
V E R M E T E O R O J J I O
I S O B S E R V A T O R I O
T K N K O S M O S G E P S Ĉ
O O A Q U C R P T A X R N I
R P Ŭ E J U Q L E L U N O E
A O T U G Q I A R A P Q R L
D N O E K V I N O K S O K O
I R A K E T O E I S M X X A
A A N H E V Q D D I Y X M F
D R M I N X H O O O I R I D
O O E S U P E R N O V A O T
```

ASTEROIDO
ASTRONAŬTO
ASTRONOMO
ĈIELO
KOSMO
KONSTELACIO
EKVINOKSO
GALAKSIO
GRAVITO
LUNO

METEORO
NEBULA
OBSERVATORIO
PLANEDO
RADIADO
RAKETO
SUPERNOVAO
TELESKOPO
TERO

13 - Circo

```
I  M  M  A  G  I  O  T  D  B  M  J  C  Q
I  U  Q  P  A  J  A  C  O  I  A  A  N  R
T  Z  V  I  U  K  F  N  C  L  G  M  J  T
M  I  T  W  Z  E  R  W  N  E  O  B  I  D
P  K  G  K  Y  N  B  O  E  T  E  N  D  O
A  O  N  R  K  W  U  E  B  O  C  X  M  S
R  B  A  L  O  N  O  J  S  A  B  A  O  P
A  R  Q  D  S  S  S  O  C  T  T  J  N  E
D  U  Z  S  T  C  Z  G  L  F  O  O  T  K
O  Z  C  U  U  L  A  N  E  I  P  J  R  T
O  O  N  G  M  U  H  I  O  L  C  F  O  A
H  W  T  P  O  W  A  S  N  P  B  T  M  N
S  I  M  I  O  S  C  T  O  K  Q  U  J  T
E  L  E  F  A  N  T  O  A  M  U  Z  I  O
```

AKROBATO	MAGO
BESTOJ	MONTRO
BILETO	MUZIKO
PAJACO	BALONOJ
KOSTUMO	PARADO
ELEFANTO	SIMIO
JOGNISTO	SPEKTANTO
AMUZI	TENDO
LEONO	TIGRO
MAGIO	RUZO

14 - Mitologia

```
Z  F  S  I  T  V  M  K  F  L  Y  K  K  H
J  M  O  P  M  E  I  O  Ĵ  A  L  U  Z  O
D  O  A  R  F  N  L  N  S  B  T  L  K  Y
J  N  O  G  T  Ĝ  I  D  R  I  O  T  A  Q
C  S  C  V  I  O  T  U  B  R  N  U  T  M
K  T  H  H  J  A  O  T  E  I  D  R  A  M
U  R  L  S  Q  R  K  O  S  N  R  O  S  F
Y  O  E  C  I  K  H  Y  T  T  O  U  T  U
C  V  O  O  H  E  R  O  O  O  U  N  R  L
M  O  R  T  A  T  L  E  G  E  N  D  O  M
X  C  D  D  D  I  B  R  B  B  A  D  F  O
D  I  O  J  M  P  P  C  O  O  A  M  O  G
E  Z  L  D  M  O  N  P  T  P  X  E  Z  Q
S  E  N  M  O  R  T  E  C  O  H  X  P  P
```

ARKETIPO	ĴALUZO
KONDUTO	MILITO
BESTO	SENMORTECO
KREO	LABIRINTO
KULTURO	LEGENDO
KATASTROFO	MAGIA
DIOJ	MORTA
HEROO	MONSTRO
FORTO	TONDRO
FULMO	VENĜO

15 - Piante

```
Y R K W D M K P A Z B O W D
C Q A F T U I B L V K E A R
P Z K P E T A L O G U E R B
F K A R B A R O M S A R B O
A L A Q Y G S T E R K O U T
B H O K B A M B U O Z X S A
O E P R T F X S K D T N T N
H D I A O O Ĝ A R D E N O I
E E X D V L Z M E O O E U K
R R P I X I C O S A R B L O
B O Q K Y O L P K F L O R A
O H C O U J N M U S K O O E
V E G E T A Ĵ A R O S J F M
U F X W P M Q L U T Q A T I
```

ARBO	STERKO
BERO	FLORO
BAMBUO	FLORA
BOTANIKO	FOLIOJ
KAKTO	ARBARO
ARBUSTO	ĜARDENO
KRESKU	MUSKO
HEDERO	PETALO
HERBO	RADIKO
FABO	VEGETAĴARO

16 - Spezie

```
T Z I N G I B R O Q G F K K
T U C M D K B U X M L E U O
A D R M C P C P K P I N M R
N G S M A M A R A I K K I I
U S M W E Z J C E P O O N A
T L S A F R A N O R R L O N
M T Q V A N I L O O I O W D
E W Y O D X H C U E C C T R
G C A R D A M O M X O I A O
G C U T G O Z F C H N J U
U C O R Z A U F J I S A L O
R W S Q R Z S M W F S M O A
P U V A R Y T V Q M P O B G
Q W U C P D O L Ĉ A N I Z O
```

AJLO
AMARA
ANIZO
CINAMO
CARDAMOM
CEPO
KORIANDRO
KUMINO
TURMERIC
CURRY

DOLĈA
FENKOLO
GUSTO
GLIKORICO
NUTMEG
PIPRO
SALO
VANILO
SAFRANO
ZINGIBRO

17 - Numeri

```
T X J F Y J V F C S E S W D
D R F F R P J F A E F X I E
E D I E D S I N W P D I O K
K E L D E K S E S U U Y I K
S K T A K A U Y Q P D C E V
E T Z I K C D G I V E E N A
P R P I V L D N U L K D K R
B I W U I E X S E P D E V B
K V I N N D E K D U E K A Y
Z G T H J J T S J Q K O R B
N K Q Q D R E B H A N K C C
D E C I M A L A N Z A D T L
U V K O D G M Y D A Ŭ P O H
L L E Y P G P U X U Ŭ C J C
```

KVIN
DECIMALA
DEK NAŬ
DEK SEP
DEK OK
DEK
DEK DU
DU
NAŬ
OK

DEK KVAR
KVAR
DEK KVIN
DEK SES
SES
SEP
TRI
DEK TRI
DUDEK
NUL

18 - Cioccolato

```
K A R A M E L O K B B F H V
A A R I K A G K P O D A R O
K N E N C M F J N K O J Q
A T C G F T F A Z A L O C C
O I E R V A C A R J R A S R
S O P E D O L Ĉ A A Y I S O
U X T D K P U L V O R O A P
K I O I V Z M Ŝ M T Q I R H
E D I E A G O A R O M O A U
R A A N L W F T P O E G K R
O N D C I V B A A V Y H I R
K T D O T N F T R Z M T D X
W O X K O X F A G U S T O W
K A L O R I O J S L Q X J E
```

AMARA
ANTIOXIDANTO
ARAKIDOJ
AROMO
KAKAO
KALORIOJ
KARAMELO
BONAJ
DOLĈA

EKZOTA
GUSTO
INGREDIENCO
KOKOSO
PULVORO
ŜATATA
KVALITO
RECEPTO
SUKERO

19 - Guida

```
F  I  Y  R  G  T  S  P  M  F  B  R  G  P
Q  U  T  S  A  R  E  I  O  R  U  K  E  T
B  U  U  P  R  A  K  E  T  A  A  E  A  B
U  R  N  E  A  F  U  D  O  P  K  Q  L  B
S  D  E  R  Ĝ  I  R  I  R  I  C  G  H  O
O  C  L  M  O  K  E  R  C  D  I  X  X  E
C  J  O  E  S  O  C  A  I  O  D  H  K  O
V  Z  T  S  T  O  O  N  K  A  E  T  J  D
E  O  Y  I  Y  G  J  T  L  J  N  O  P  M
A  D  J  L  W  M  F  O  O  W  T  J  O  O
Ŭ  F  G  O  D  A  N  Ĝ  E  R  O  C  L  T
T  R  A  N  S  P  O  R  T  A  D  O  I  O
O  J  Z  E  M  O  A  B  Y  A  P  F  C  R
E  I  O  Z  Y  T  W  W  T  T  O  R  O  O
```

AŬTO
BUSO
FUELO
BREMSOJ
GARAĜO
GAZO
AKCIDENTO
PERMESILO
MAPO
MOTORCIKLO

MOTORO
PIEDIRANTO
DANĜERO
POLICO
SEKURECO
VOJO
TRAFIKO
TRANSPORTADO
TUNELO
RAPIDO

20 - Sport

```
B T R E J N I S T O P V O T
A G B A S K E T B A L O G E
S G I M N A S T I K O R C N
B S C M J P L H Z B P U O I
A T I A N S P G K D D B Q S
L A K M S A L I U G O L F O
O D L V N T Z U D L M U P G
H I O Ĉ A M P I O N A D O A
A O A Z D P O K O C C A F J
H R C T T E A M O M B N H N
O G Q D L E U O L C Z T P I
K U V M R E S D C U Z O X N
E M X P X G T B K S D B E T
O I V X Q M M O V A D O J O
```

TREJNISTO   GOLFO
ATLETO   HOKEO
BASBALO   MOVADO
BASKETBALO   GIMNAZIO
BICIKLO   TEAMO
ĈAMPIONADO   STADIO
GIMNASTIKO   TENISO
LUDANTO   GAJNINTO
LUDO

21 - Giocattoli

```
R  M  J  K  D  L  K  M  W  N  G  P  B  B
I  M  A  G  P  O  V  O  E  N  I  G  M  O
G  X  V  K  B  L  X  V  L  T  L  Y  Q  S
C  K  Q  U  D  D  O  Z  A  P  I  L  K  O
K  Z  D  N  J  U  R  U  D  S  B  O  S  N
Ŝ  A  T  A  T  A  Ŝ  A  K  O  R  Y  J  T
W  A  J  Q  B  I  C  I  K  L  O  A  K  R
E  V  D  T  J  A  M  J  W  U  J  Ŭ  A  A
X  I  F  F  O  N  I  F  K  D  F  T  M  J
T  A  M  B  U  R  O  J  W  O  O  O  I  N
N  D  W  S  O  X  J  X  F  J  D  I  O  O
M  I  Z  W  V  A  R  G  I  L  O  L  N  H
O  L  P  U  P  O  T  K  Z  A  X  D  O  H
C  O  T  W  Z  Z  V  O  R  O  B  O  T  O
```

AVIADILO	LUDOJ
KAJTO	IMAGPOVO
ARGILO	LIBROJ
METIOJ	PILKO
AŬTO	ŜATATA
PUPO	ENIGMO
BOATO	ROBOTO
TAMBUROJ	ŜAKO
BICIKLO	TRAJNO
KAMIONO	

22 - Uccelli

```
K A X S L Q Y N U C A K L O
O N R B T X M Y U I A G V V
K S W O S F E O H G R B L O
I E K C P A V O T N D C K O
D R F O Z L O P P O E O U P
O O Y S L K F L A G O X K I
S T R U T O J F S P Y M O N
T O U C A N M W E T A H L G
A N A S O O W B R S B G O V
E U K I M C I K O N I O O E
F L A M I N G O X B A S N N
I M F P E L I K A N O B N O
J I I Y W I M A U X C R N L
M J H F N A I S I R X Z P Q
```

ARDEO
ANASO
AGLO
CIKONIO
CIGNO
KUKOLO
FALKO
FLAMINGO
MEVO
ANSERO

PAPAGO
PASERO
PAVO
PELIKANO
KOLOMBO
PINGVENO
KOKIDO
STRUTO
TOUCAN
OVO

23 - Giorni e Mesi

```
D  J  A  R  O  Y  W  S  M  A  R  D  O  J
F  E  B  R  U  A  R  O  O  V  U  R  F  A
K  X  C  F  D  N  J  K  N  R  B  C  J  N
W  A  S  E  I  I  U  T  A  N  T  I  K  U
E  T  L  Y  M  S  I  O  T  N  P  F  D  A
G  X  E  E  A  B  Q  B  O  M  A  N  M  R
C  E  Q  F  N  H  R  R  N  O  O  F  E  O
I  R  E  P  Ĉ  D  N  O  V  E  M  B  R  O
A  R  P  L  O  Z  A  L  U  N  D  O  K  S
X  P  J  T  R  Z  M  R  J  Q  B  V  R  A
Z  Y  R  J  U  L  I  O  O  A  F  R  E  B
J  U  N  I  O  G  Z  V  I  I  F  C  D  A
Y  Z  P  I  L  Q  A  Ŭ  G  U  S  T  O  T
X  D  W  X  K  O  C  S  E  M  A  J  N  O
```

AŬGUSTO	JULIO
JARO	LUNDO
APRILO	MARDO
KALENDARO	MERKREDO
DECEMBRO	MONATO
DIMANĈO	NOVEMBRO
FEBRUARO	OKTOBRO
JANUARO	SABATO
JUNIO	SEMAJNO

24 - Casa

```
G S U B T E G M E N T O F R
F A J R O T D M W K Y E V K
Q B R W F S J P L A F O N O
D I N A I J E S Y U O B B Y
U B V D Ĝ J K Y F Q M A U T
P L A N K O S P E G U L O E
P I B A R I L O N N R A W G
O O P V L Ĝ Ĉ C E K O O A M
R T D S N A A H S R R X I E
D E U N O R M E T I N A Z N
O K Ŝ V S D B P R X P G N T
T O O G K E R L O S X G A O
K W V D P N O T A P I Ŝ O Z
V X J J D O K U I R E J O K
```

SUBTEGMENTO
BIBLIOTEKO
ĈAMBRO
FAJRO
KUIREJO
DUŜO
FENESTRO
GARAĜO
ĜARDENO
LAMPO

MURO
PLANKO
PORDO
BARILO
KRANO
BALAO
PLAFONO
SPEGULO
TAPIŜO
TEGMENTO

25 - Ristorante #1

```
K A F O A M S S M E N U O I
R O T L L V F K P N Q K B N
O L J D E P A N O I J E O G
O E I G R G I E M A C X V R
X W M D G D W J P E C A L E
K D A D I T R A N Ĉ I L O D
U E Q A O B U Ŝ T U K O D I
I S N L X M V U T G V L E
R E Z E R V A D O L Q K C N
E R Z K D K N S A Ŭ C O L T
J T L N G I Ĝ Y I P S K D E
O O T W V O O E Y S E I T J
V I A N D O O N R D T D O P
K E L N E R I N O B E O Z H
```

ALERGIO

KAFO

KELNERINO

VIANDO

KASISTO

MANĜO

BOVLO

TRANĈILO

KUIREJO

DESERTO

INGREDIENTEJ

MENUO

PANO

SPICA

KOKIDO

REZERVADO

SAŬCO

BUŜTUKO

26 - Fantascienza

```
I P U A X S D Q I E U M M F
L A E P E F A J R O T I I U
E H Y D I S T O P I O S R T
T E K N O L O G I O P T I U
E K S T R E M A E K I E N R
I M A G A R A L K I O R D I
L I B R O J E X S N I A A S
O R A K O L O A P O S E Z T
R O B O T O J I L U Z I O A
G M H A Q O M N O I J I Q H
Q O T F U Z C L D T S I N U
P L A N E D O D O R D M D L
S B M M O N D O D P N U O Y
G A L A K S I O N Q X B O J
```

ATOMA
KINO
DISTOPIO
EKSPLODO
EKSTREMA
MIRINDA
FAJRO
FUTURISTA
GALAKSIO
ILUZIO

IMAGA
LIBROJ
MISTERA
MONDO
ORAKOLO
PLANEDO
REALISMO
ROBOTOJ
TEKNOLOGIO
UTOPIO

27 - Città

```
T M T L X K B F U P L F E K
B A K E J O I A Z O O L M L
H F Y H F H H N N C C O B I
S L W Q L D V M O K K R I N
L U W L E R N E J O O I B I
I G P T N Y E R S R L S L K
B H X E X Y R K P X J T I O
R A Q A R S G A L E R O O A
E V W T H B S T A D I O T P
J E S R E X A O B R P T E O
O N P O L I I Z R R K Y K T
H O T E L O P W A E J U O E
V E N D E J O W B R H Q A K
M U Z E O Y K C W B O O C O
```

FLUGHAVENO
BANKO
BIBLIOTEKO
KINO
KLINIKO
APOTEKO
FLORISTO
GALERO
HOTELO
LIBREJO

MERKATO
MUZEO
VENDEJO
BAKEJO
LERNEJO
STADIO
SUPERBAZARO
TEATRO
ZOO

28 - Virtù #1

```
E  F  I  K  A  X  R  H  P  P  I  C  Z  T
Q  Z  W  I  M  T  K  N  A  U  B  F  G  H
I  G  Z  A  U  K  Y  G  S  R  I  K  F  E
S  N  D  Y  Z  N  G  D  I  A  A  R  T  A
N  E  T  M  A  L  A  V  A  R  A  L  N  G
F  H  N  E  P  A  C  I  E  N  T  O  V  W
R  I  D  D  L  O  H  E  U  X  M  O  S  X
F  U  D  D  E  I  K  U  R  I  O  Z  A  B
M  Z  P  I  V  P  G  A  E  C  D  Y  P  Y
L  M  B  O  N  A  E  E  S  B  E  G  U  Y
Ĉ  A  R  M  A  D  X  N  N  L  S  A  Ĝ  A
D  E  C  I  D  A  A  S  D  T  T  O  L  Z
P  R  A  K  T  I  K  A  T  A  A  R  S  E
H  E  L  P  E  M  A  O  R  R  N  Y  O  P
```

ĈARMA	MALAVARA
FIDINDA	SENDEPENDA
PASIA	INTELIGENTA
ARTA	MODESTA
BONA	PACIENTO
KURIOZA	PRAKTIKA
DECIDA	PURA
AMUZA	SAĜA
EFIKA	HELPEMA

29 - Compleanno

```
V F F N L J T F R G U Z E K
G S E A M U P B E H A R K A
J U L S P N C M D L M F X L
G G Y K T A G O F L I G T E
J F A I T O K D S T K Ĉ D N
V L A T E C L H O K O Z A D
K B E A M A M U Z A J O D A
U H M D P W T O F N L A S R
K X G K O K D K E T Z M G O
O Z N O I N V I T O J A R O
M P U T Y K A R T O J A D Ĝ
S A Ĝ O S P E C I A L A X O
G R A N D E V N O N O C T J
P W B Z T K A N D E L O J A
```

AMIKOJ	TAGO
JARO	JUNA
KALENDARO	GRANDE
KANDELOJ	INVITOJ
KANTO	NASKITA
KARTOJ	DONACO
FESTO	SAĜO
AMUZA	SPECIALA
FELIĈA	TEMPO
ĜOJA	KUKO

30 - Fattoria #1

```
K L Y I W R K H B A R I L O
M U W U E K Z U G B Q F G S
B I S W D R X N A L D N E T
O T E Z N W B D Z T I O O E
V T V L R I Z O N L K H N R
I B C U O Ĉ E V A L O A L K
D N D K A O H S E M O J T O
O S P Z X J P I X O I K A O
K O K I D O C N Q P G L B G
O A G R I K U L T U R O E F
J L P O R K O B L J E O L U
W G Y R B O V I N O G B O B
O G Y T O A K V O F O J N O
A Z E N O J D K A M P O M Z
```

AKVO
AGRIKULTURO
ABELO
AZENO
KAMPO
HUNDO
KAPRO
ĈEVALO
STERKO
FOJNO

KATO
GREGO
PORKO
MIELO
BOVINO
KOKIDO
BARILO
RIZO
SEMOJ
BOVIDO

31 - Paesaggi

```
K T X P E N I N S U L O E V
L S L L O W Q R Z X E W F D
A R I A K V O F A L O I K U
G H M Ĝ K A V E R N O K S T
O M O O G L A C E B E R G O
T U N D R O M A R Ĉ O J L C
I D T D U N O J T J V T A E
N N O V U L K A N O D V C A
U D S A S O A Z O G E F E N
O U I U Q M A R O P Z R R O
T X D V L R G E J S E R O W
K R G O Z O R T O I R Y H M
N G F K F E D Z R F T B A G
T I P D L R I V E R O A Y K
```

AKVOFALO	MARO
DEZERTO	MONTO
DUNOJ	OAZO
RIVERO	OCEANO
GEJSERO	MARĈO
GLACERO	PENINSULO
KAVERNO	PLAĜO
GLACEBERGO	TUNDRO
INSULO	VALO
LAGO	VULKANO

32 - Ristorante #2

```
A  K  V  O  U  T  C  O  W  Q  O  G  K  I
E  U  Y  V  M  A  D  M  T  F  E  L  U  A
H  L  U  O  T  G  S  X  F  M  X  A  L  G
E  V  D  J  R  M  U  E  A  P  S  C  E  F
O  E  W  A  I  A  P  C  Ĝ  H  A  I  R  O
S  S  P  Y  N  N  O  P  S  O  L  O  O  R
A  P  K  T  K  Ĝ  Y  S  K  M  A  L  K  K
L  E  E  R  A  O  I  V  L  F  T  B  Q  O
O  R  L  C  Ĵ  X  U  R  H  F  O  Z  U  O
Z  M  N  B  O  N  A  J  Y  R  I  T  L  I
W  A  E  M  T  J  L  R  L  U  L  Ŝ  N  S
B  N  R  K  U  K  O  G  Z  K  I  Z  O  H
E  Ĝ  O  K  E  D  A  J  W  T  I  X  N  B
I  O  L  E  G  O  M  O  J  O  V  M  N  Q
```

AKVO	SUPO
TRINKAĴO	FIŜO
KELNERO	TAGMANĜO
VESPERMANĜO	SALO
KULERO	SEĜO
BONAJ	SPECOJ
FORKO	KUKO
FRUKTO	OVOJ
GLACIO	LEGOMOJ
SALATO	

33 - Giardino

```
Ĝ  P  B  X  B  O  Q  V  T  K  H  T  B  H
B  A  P  J  J  C  L  E  R  A  S  T  I  E
T  E  R  A  S  O  H  R  A  H  O  S  O  R
A  K  N  D  U  X  T  A  M  A  W  F  O  B
N  H  K  K  E  S  T  N  P  M  H  X  O  O
O  G  A  Z  O  N  O  D  O  A  A  M  Q  J
G  F  V  D  E  P  O  O  L  K  R  R  R  R
G  L  H  Y  A  Y  X  T  I  O  B  T  B  X
A  O  E  P  J  I  H  X  N  Q  U  R  L  O
R  R  R  D  L  E  F  U  O  M  S  U  A  W
A  O  B  B  A  R  I  L  O  D  T  L  G  S
Ĝ  O  O  Ŝ  O  V  E  L  I  L  O  O  E  X
O  O  E  K  C  Q  G  G  X  H  U  L  T  K
J  U  R  B  V  I  P  G  A  U  N  T  O  N
```

ARBO	VERANDO
HAMAKO	GAZONO
ARBUSTO	RASTI
HERBO	BARILO
HERBOJ	LAGETO
FLORO	TRULO
GARAĜO	TERASO
ĜARDENO	TRAMPOLINO
ŜOVELILO	HOSO
BENKO	

34 - Frutta

```
A Ĉ Q L B E R O M H O G Y F
V E Z U N F P E R S I K O X
O R L R S Z K R P A P A J O
K I A C R U S O R B N S Z U
A Z K I V O V I U R Q Ĝ N N
D O M T B I A D N I F U O E
O M Q R M A N G O K P M D K
U G V O F E I P R O P V A T
T F E N Y R L B B T I I B A
R P V O C C A O G O R N N R
P O M O D M Z M N L O B U I
B A N A N O W A B O R E E N
R T N A N A S O G R T O
D F L Z S I X B C X U O O P
```

ABRIKOTO
ANANASO
ORANĜO
AVOKADO
BERO
BANANO
ĈERIZO
KIVO
FRAMBO
CITRONO

MANGO
POMO
MELONO
RUSO
NEKTARINO
PAPAJO
PIRO
PERSIKO
PRUNO
VINBERO

35 - Fattoria #2

```
V  B  L  L  G  T  H  A  B  K  L  Z  H  B
B  E  E  J  O  R  J  E  A  D  R  E  O  K
L  S  G  H  D  A  E  X  R  Y  N  J  R  R
A  T  O  E  G  C  A  N  R  B  E  Q  D  M
M  O  M  F  W  T  I  M  E  Z  E  C  E  A
O  J  O  Y  O  O  I  I  S  J  N  J  O  I
T  Ŝ  A  F  O  R  E  C  P  N  O  B  O  Z
M  T  T  J  A  F  A  D  L  M  H  T  F  O
J  U  R  F  R  U  K  T  O  A  P  N  J  A
Z  Q  I  Ŝ  A  F  I  D  O  N  K  D  U  N
M  A  T  U  R  A  F  F  E  Ĝ  N  T  B  A
S  E  I  K  U  L  T  U  R  O  V  P  O  S
C  O  K  E  L  D  I  R  I  G  A  D  O  O
O  K  O  A  N  S  E  R  O  J  T  M  J  D
```

ŜAFIDO	LAKTO
KULTURO	MAIZO
ANASO	MATURA
BESTOJ	ANSEROJ
MANĜO	HORDEO
GRENEJO	ŜAFO
FRUKTO	HERBEJO
TRITIKO	TRACTOR
IRIGADO	LEGOMO
LAMO	

36 - Dinosauri

```
V E O M N I V O R E F G P P
N V N T D K G R I J O R R O
G I M O J S X A P A S A E T
R C A F R B E P R R I N D E
A I M O I M P T A Q L D O N
N O U L V E A O H P O E G C
D S T J Z O K R I F J C K A
A A O E O E S G S L Y O H P
Y Y B T R U P T T U N G Y A
V X K E V O L U O G W U G L
R E P T I L I O R I W L T Y
S P E C I O Q B I L U X C L
M A L A P E R O A O K C N K
H E R B I V O R O J Q E W H
```

FLUGILOJ   PREDO
VOSTO   PRAHISTORIA
ENORMA   RAPTOR
HERBIVORO   REPTILIO
EVOLUO   MALAPERO
FOSILOJ   SPECIO
GRANDA   GRANDECO
MAMUTO   TERO
OMNIVORE   VICIOSA
POTENCA

37 - Verdure

```
K S Y G J H T G C S A T B N
N U D P I Z O K E L V E G E
P Q K I W M M M L R P R S O
X B W U M J A E E P Z P B D
P U R L M P T L R R E O F C
H X A O N O O A I A Q M U Z
S B P R K L S N O F K O N I
P H O U L O A Z E A A L G N
I M A J F S L O C N R M O G
N T J L Z F A O Z O O Z F I
A C L C L B T F L G T A Z B
C E O K L O O D B O O K I R
O P J H P E T R O S E L O O
C O A R T I Ŝ O K O L M O E
```

AJLO
BROKOLO
ARTIŜOKO
KAROTO
KUKUMO
CEPO
FUNGO
SALATO
MELANZO
TERPOMO

PIZO
TOMATO
PETROSELO
RAPO
RAFANO
SHALLOT
CELERIO
SPINACO
ZINGIBRO

38 - Scuola #2

```
J M T X P G A K A D E M I A
Q A Z L I T E R A T U R O K
Y T T U N W X A B T D F B A
G E O D E V R J I C V Ŝ T L
P M K O D P W O B K T U A E
D A R J U V T N L U I O K N
T T T N K Z O O I S S J O D
L I B R O J N R O C W O M A
L K L E G A D O T P D D P R
A O I O E X I H E A F J U O
A E B G D Q L C K P R J T K
S C I E N C O A O E B O I Z
G R A M A T I K O R T W L R
I N S T R U I S T O B Q O C
```

AKADEMIA
BUSO
BIBLIOTEKO
KALENDARO
PAPERO
KOMPUTILO
VORTARO
EDUKO
TONDILO
LUDOJ

GRAMATIKO
INSTRUISTO
LITERATURO
LEGADO
LIBROJ
MATEMATIKO
KRAJONO
ŜUOJ
SCIENCO

39 - Barbecue

```
I  X  L  V  I  Q  Y  V  A  W  K  P  K  V
M  N  Y  M  Z  D  I  D  C  N  O  I  Q  E
P  M  V  S  O  M  E  R  O  U  K  P  K  S
F  A  M  I  L  I  O  A  F  W  B  R  V  P
X  N  A  M  T  R  A  N  Ĉ  I  L  O  J  E
P  Ĝ  L  U  D  O  J  K  C  E  P  O  J  R
S  Ô  S  Z  S  A  Ŭ  C  O  S  J  T  B  M
S  V  A  I  B  B  C  R  Y  K  A  L  F  A
A  A  T  K  Y  W  G  V  G  R  I  L  O  N
L  A  O  O  F  R  U  K  T  O  U  D  O  Ĝ
A  D  Y  N  X  T  A  G  M  A  N  Ĝ  O  O
D  A  T  O  M  A  T  O  J  B  T  Y  Y  P
O  K  E  Y  E  X  E  W  S  L  Q  L  J  T
J  Z  T  Q  X  A  V  K  Y  V  A  R  M  A
```

VARMA	GRILO
VESPERMANĜO	SALADOJ
MANĜO	INVITO
CEPOJ	MUZIKO
TRANĈILOJ	PIPRO
SOMERO	KOKIDO
MALSATO	TOMATOJ
FAMILIO	TAGMANĜO
FRUKTO	SALO
LUDOJ	SAŬCO

40 - Riempire

```
B S K B T I B K O R B O E S
R A A A G X O D H U P G Y I
H K R S M A T U B O E L D T
D O T E T Y E U Z P O Ŝ O E
O Y O N L I L B V A Z O F L
S C N O U O Z A K E S T O
I R O P E I D Y L E M Q P V
E Y R F S B G K I T P Y V R
R K O V E R T O Z O L G C U
U G P G O E K S O I A P W A
J Y A M Z M J P E K T E V M
O H T I R G L K W I O C V J
J S P E Y X A N J J Z B E O
M G Y M E E J V H V T P K R
```

BASENO
BARELO
SAKO
BOTELO
KOVERTO
DOSIERUJO
KARTONO
KESTO

KORBO
PAKETO
SITELO
POŜO
TUBO
VALIZO
VAZO
PLATO

41 - Insetti

```
L M N W C T H O X M A Q J A
A A M S C I K A D O K I A X
R N D X I N I C W S R S A N
V T P Y V E S P O K I A M Y
O I L R B O B A P I D Q P F
W S J L L U T L O T O E A F
Y O Z Z A S G E U O I O P W
W L S X T K K H R K L U I Q
N I V E O U U A C M P U L O
A B E L O J B A R X I S I P
T E R N E J X A D A H T O C
F L M V A F I D O Y B I O W
G O O F O R M I K O Z O Y W
Z Y W J J N M Y H N D A B F
```

AFIDO	LARVO
ABELO	LIBELO
AKRIDO	MANTISO
CIKADO	PULO
LADYBUG	BLATO
SKARABO	TERMITO
TINEO	VERMO
PAPILIO	VESPO
FORMIKO	MOSKITO

42 - Erboristeria

```
A R O M A J F L O R O P I L
O J L J S M D A Z T R L N K
Z W L K G B Z V F A I A G B
Z H T O H W V E P R G N R Z
K V A L I T O N E R A T E M
F E N K O L O D T A N O D A
R S A F R A N O R G O I I R
V G R O L W J J O O O F E Ĝ
M E N T O Q U C S N E E N O
L I R L Z C G G E C U I C R
O W I D M R S T L H K F O O
T I M I A N O B O Y R U X M
Ĝ A R D E N O U B A Z I L O
K U L I N A R A R O M E R O
```

AJLO	MARĜOROMO
AROMAJ	MENTO
BAZILO	ORIGANO
KULINARA	PLANTO
TARRAGON	PETROSELO
FENKOLO	KVALITO
FLORO	ROMERO
ĜARDENO	TIMIANO
INGREDIENCO	VERDA
LAVENDO	SAFRANO

43 - Danza

```
K M W A A N N S P H J G K M
P U A K L A S I K A P X U O
R Z L I W G V I D A J Z L V
O I D T P A R T N E R O T A
V K G Y U E C T N T A Z U D
O O A D G R O Z K P E W R O
R I T M O Y A W C U T N O T
K O R E G R A F I O C A O R
A G L F U B V E S P R I M A
F R F B E A K A D E M I O D
M A T E M O C I O Ĝ A W J I
S C B O K O R P O O W A N C
Y E P R H D E J O J E A B I
C D C U Y P S G P A X C M A
```

AKADEMIO	ĜOJA
ARTO	GRACE
KLASIKA	MOVADO
PARTNERO	MUZIKO
KOREGRAFIO	SINTENO
KORPO	PROVO
KULTURO	RITMO
KULTURA	TRADICIA
EMOCIO	VIDA
ESPRIMA	

44 - Scuola #1

```
S T M C R E A Z L G Z K Y F
K K A D M A K R A J O N O F
R L T G F L X Z P A P E R O
I A E J M F W B A L P I L S
B S M W H A S V A M U Z A E
O Ĉ A A R B N E U L E M R Ĝ
T A T M E E R Ĝ E I Q N O O
A M I I N T Z A O B X B O J
B B K K D O S I E R U J O J
L R O O L X O K T O F M C L
O O R J D O Y Q C J H O N G
N P I I N S T R U I S T O R
R E S P O N D O J U F S K I
M C Z B I B L I O T E K O X
```

ALFABETO
AMIKOJ
KLASĈAMBRO
BIBLIOTEKO
PAPERO
DOSIERUJOJ
AMUZA
EKZAMENOJ
INSTRUISTO

LIBROJ
MATEMATIKO
KRAJONO
PLUMOJ
TAGMANĜO
RESPONDOJ
SKRIBOTABLO
SEĜO

45 - Fiori

```
R  N  B  S  F  B  V  X  P  O  A  J  U  G
K  O  P  P  U  V  U  C  V  W  P  Z  V  A
U  B  Z  M  B  N  E  K  T  S  T  D  I  R
Z  J  N  O  F  M  F  P  E  T  A  L  O  D
L  E  K  A  N  T  O  L  H  D  M  P  L  E
P  A  P  A  V  O  I  Y  O  T  O  E  I  N
V  E  Y  D  J  H  O  M  Q  R  G  O  L  I
J  J  A  S  M  E  N  O  H  I  O  N  I  A
C  W  Q  P  F  O  H  R  Q  F  B  I  O  T
X  V  L  D  P  J  O  K  K  O  B  O  M  U
S  I  R  I  N  G  O  I  B  L  H  G  P  L
Q  R  L  A  V  E  N  D  O  I  D  W  Y  I
H  I  B  I  S  K  O  E  Y  O  L  S  M  P
H  N  F  M  A  G  N  O  L  I  A  P  D  O
```

GARDENIA	BUKEDO
JASMENO	ORKIDEO
LILIO	PAPAVO
SUNFLORO	PEONIO
HIBISKO	PETALO
LAVENDO	ROZO
SIRINGO	TRIFOLIO
MAGNOLIA	TULIPO
LEKANTO	

46 - Ecologia

```
F  A  Ŭ  N  O  G  G  V  T  S  Q  D  D  Z
B  M  T  R  Q  J  I  E  U  U  H  I  B  E
X  T  S  T  L  Q  P  G  T  P  B  V  B  D
S  P  E  C  I  O  L  E  M  E  S  E  D  A
P  H  K  L  I  M  A  T  O  R  N  R  M  Ŭ
M  A  E  T  L  H  N  A  N  V  A  S  K  R
R  B  C  R  F  D  T  Ĵ  D  I  T  E  F  I
A  I  O  M  H  L  O  A  A  V  U  C  L  G
K  T  M  E  A  N  J  R  Z  O  R  O  O  E
M  A  V  E  M  R  A  O  Y  Z  O  M  R  B
V  T  A  T  D  L  Ĉ  T  B  X  P  A  A  L
I  O  R  E  U  O  Q  O  U  P  Y  R  Q  A
P  B  I  N  N  D  J  M  G  R  W  A  A  P
R  K  O  M  U  N  U  M  O  J  A  B  U  C
```

KLIMATO	MARĈO
KOMUNUMOJ	PLANTOJ
DIVERSECO	RIMEDOJ
FAŬNO	SEKECO
FLORA	SUPERVIVO
TUTMONDA	DAŬRIGEBLA
HABITATO	SPECIO
MARA	VARIO
NATURO	VEGETAĴARO
NATURA	

47 - Discipline Scientifiche

```
D Q V G H A N A T O M I O N
V Q G E O L O G I O Q T R E
M E T E O L O G I O B A U U
B I O K E M I O F L I N U R
M O S P S O C I O L O G I O
F H T L S E R X L S L F W L
J O U A F I Z I O L O G I O
M E K A N I K O H B G A U G
M K D H J I R O N K I H H I
K N Z L O L K E L G O I G O
S E I A S T R O N O M I O J
N K M T L E K O L O G I O A
M Z T I M U N O L O G I O E
A R K E O L O G I O L J O E
```

ANATOMIO
ARKEOLOGIO
ASTRONOMIO
BIOKEMIO
BIOLOGIO
BOTANIKO
KEMIO
EKOLOGIO

FIZIOLOGIO
GEOLOGIO
IMUNOLOGIO
MEKANIKO
METEOLOGIO
NEUROLOGIO
PSIKOLOGIO
SOCIOLOGIO

48 - Scienza

```
S C I E N C I S T O G M E F
M O L E K U L O J C R C K O
N A T U R O D W K P A L S S
M I N E R A L O J R V A P I
U W O T S C M B E H I B E L
O B S E R V O E V I T O R O
L A P P B U F J T P O R I F
B O R G A N I S M O F A M A
D A T U M O Z N H T D T E K
E T M L V E I R Q E I O N T
R O M U B M K L Q Z A R T O
O M Y A E V O L U O F I O S
J O M O I K L I M A T O R X
K E M I K O C O L U G X S P
```

ATOMO	HIPOTEZO
KEMIKO	LABORATORIO
KLIMATO	METODO
DATUMO	MINERALOJ
EKSPERIMENTO	MOLEKULOJ
EVOLUO	NATURO
FAKTO	ORGANISMO
FIZIKO	OBSERVO
FOSILO	EROJ
GRAVITO	SCIENCISTO

49 - Acqua

```
N M D T K I I U J X K N F G
Z D B U I L O M R L G E W L
G R K R Ŝ N I V U A M Ĝ D A
H U M I D O N D O J G O L C
L S Q V V C U F P U X A G I
U F A E E T N N R P L J N O
P Y Z R P M D M E O N E X O
L A G O D B O G E J S E R O
U I R I G A D O X K B T S V
V V C U H Z V R F A C M O A
O B C T W M D S B N F X J P
T R I N K E B L E A F A V O
C Z X O C E A N O L K B A R
V A P O R I Ĝ O T O H L H O
```

INUNDO
KANALO
DUŜO
VAPORIĜO
RIVERO
FROSTO
GEJSERO
GLACIO
IRIGADO

LAGO
NEĜO
OCEANO
ONDOJ
PLUVO
TRINKEBLE
HUMIDO
URAGANO
VAPORO

50 - Gatti

```
R  A  P  I  D  E  M  B  U  G  G  K  X  U
A  M  U  Z  A  W  K  U  R  I  O  Z  A  T
P  U  X  G  X  D  V  F  S  M  R  U  Q  Z
O  N  R  M  L  N  P  V  D  O  R  M  I  D
V  G  I  V  M  K  F  F  R  E  N  E  Z  A
P  E  R  S  O  N  E  C  O  K  U  W  D  Ĉ
P  G  V  O  E  S  L  T  I  M  I  T  A  A
A  O  U  V  C  P  T  E  E  S  N  N  D  S
W  Q  V  A  A  W  O  O  N  K  E  T  A  I
F  R  M  Ĝ  M  Y  C  A  B  C  S  E  P  S
W  M  U  A  P  Z  Q  E  E  O  O  A  A  T
S  E  N  D  E  P  E  N  D  A  B  E  Ĵ  O
L  U  D  E  M  A  K  Z  T  N  W  L  A  O
N  E  Z  Y  P  L  W  A  T  I  M  I  A  Q
```

UNGEGO
ĈASISTO
VOSTO
KURIOZA
AMUZA
DORMI
TEKSAĴO
LUDEMA
SENDEPENDA

FRENEZA
FELTO
PERSONECO
ETA
SOVAĜA
TIMITA
MUSO
RAPIDE
PAW

51 - Surf

```
B O I O Ĉ C E X M X K R A E
Ŝ L H N A I J Y R Q K D H K
R A L D M Q A S H V Z M L S
A F Ŭ O P L A Ĝ O Q P V L T
P O K M I A M J U S F E K R
I R N K O M E N C A N T O E
D T H G N A C T X L R E M M
O O N L O S T I L O R R X A
A T L E T O T A R E I O T O
O I F U G J L O U M F J A C
P O P U L A R A M U O A M E
B S A J Z U Q A A A Q B U A
W X Ĕ S D I Q T P I K X Z N
D E C V V D S M E S G O A O
```

ATLETO
ĈAMPIONO
AMUZA
EKSTREMA
AMASOJ
FORTO
VETERO
OCEANO
ONDO

POPULARA
KOMENCANTO
ŜAŬMO
RIFO
PLAĜO
STILO
STOMAKO
RAPIDO

52 - Imbarcazioni

```
K O P S E H H H U G W K P J
L A C R K H U P E H P E T P
L I X E I B D Y T K V F Z Q
M E N R A M A R O G Z L E M
A B I U A N O Ŝ N U R O C T
R I V E R O O F D M D S S J
I C V M O T O R O H X O L L
S B E A A V S Q J L N N A A
T U L R Q S J K A J A K O N
O O Ŝ E N K T X Ĉ A Ŭ A H K
J W I W M I L O T V T N M R
Q V P L Y P B V O Y I U F O
U F O W Q O T P G O K O Q Z
P T B I X G L A G O A D K S
```

MASTO	MARO
ANKRO	MARISTO
VELŜIPO	MARE
BUO	MOTORO
KANUO	NAŬTIKA
ŜNURO	OCEANO
SKIPO	ONDOJ
RIVERO	PRIMO
KAJAKO	JAĈTO
LAGO	FLOSO

53 - Api

```
A F V I Y U H L F U R Q R S
U X M A N Ĝ O A F L O R O U
I N S E K T O D B E G B X N
T X I T R S E I I I U Z P O
M Q K P F U O V S U T I L A
A B E L U J O E T V W A E A
C T Q I M X H R M J A O T W
F P E S O C Q S L P D R Y O
R F D Ĝ A R D E N O A R M P
U F L O R O J C R M I E L O
K F L U G I L O J P K Ĝ I L
T E K O S I S T E M A I M E
O M U T N W A L J B I N S N
C O A G H M P L A N T O J O
```

FLUGILOJ
ABELUJO
UTILA
VAKSO
MANĜO
DIVERSECO
EKOSISTEMA
FLOROJ
FLORO
FRUKTO

FUMO
ĜARDENO
HABITATO
INSEKTO
MIELO
PLANTOJ
POLENO
REĜINO
SVARMO
SUNO

54 - Conservazione

```
Y  L  O  K  H  N  U  S  K  S  I  O  H  B
C  I  C  L  V  N  N  M  R  W  L  R  A  P
N  G  I  I  B  D  A  B  R  E  D  G  B  H
V  I  Q  M  P  E  T  L  E  S  E  A  I  N
D  A  T  A  O  O  U  L  I  T  W  N  T  H
A  Z  B  T  W  X  R  B  P  W  V  I  A  T
Ŭ  W  G  O  E  X  A  R  E  D  U  K  T  I
R  E  K  O  S  I  S  T  E  M  A  A  O  A
I  D  N  S  C  I  K  L  O  V  P  I  I  K
G  G  Q  S  A  C  Z  S  O  P  E  E  U  V
E  D  U  K  O  N  H  T  C  L  F  R  D  O
B  P  K  E  C  P  O  L  U  O  C  A  D  C
L  P  E  S  T  I  C  I  D  O  R  I  Z  A
A  F  T  I  S  M  E  D  I  A  W  S  J  Q
```

AKVO	NATURA
MEDIA	ORGANIKA
CIKLO	PESTICIDO
KLIMATO	REDUKTI
EKOSISTEMA	SANO
EDUKO	DAŬRIGEBLA
HABITATO	VERDA
POLUO	

55 - Strumenti Musicali

```
H D K C Q F J U S D H B N C
B C T G S A K S O F O N O K
P A A Q C G V K L X M G V L
G Q N Y E O M C J T C I I A
I H L J V T N K O A T T O R
P O Q G O O A Z Z M R A L N
H A R M O N I K O B U R O E
V I O L O N O C G U M O N T
F L U T O N G G B R P Y Ĉ O
H D H O B O J O U O E R E B
T A M B U R I N O S T E L H
N J R R R T R O M B O N O W
P C T P M A N D O L I N O T
P I A N O U M J C Q S L X T
```

HARMONIKO   HOBOJO
HARPO   PIANO
BANJO   SAKSOFONO
GITARO   TAMBURINO
KLARNETO   TAMBURO
FAGOTO   TRUMPETO
FLUTO   TROMBONO
GONG   VIOLONO
MANDOLINO   VIOLONĈELO

56 - Professioni #2

```
F  I  Ĵ  L  Z  B  I  O  L  O  G  O  I  A
O  N  U  I  Y  Q  N  Y  P  I  Z  E  L  S
T  S  R  N  P  H  Ĝ  X  K  N  O  S  U  T
I  T  N  G  I  E  E  C  I  V  O  P  S  R
S  R  A  V  L  Ĝ  N  V  R  E  L  L  T  O
T  U  L  I  O  A  I  T  U  N  O  O  R  N
O  I  I  S  T  R  E  F  R  T  G  R  I  A
X  S  S  T  O  D  R  F  G  I  O  I  S  Ŭ
L  T  T  O  N  E  O  A  O  N  S  S  T  T
N  O  O  D  E  N  T  I  S  T  O  T  O  O
K  U  R  A  C  I  S  T  O  O  Y  O  O  N
W  C  Y  G  W  S  F  I  L  O  Z  O  F  O
X  E  N  K  E  T  I  S  T  O  M  J  N  S
B  I  B  L  I  O  T  E  C  A  R  I  O  A
```

ASTRONAŬTO
BIBLIOTECARIO
BIOLOGO
KIRURGO
DENTISTO
FILOZOFO
FOTISTO
ĜARDENISTO
ĴURNALISTO
ILUSTRISTO

INĜENIERO
INSTRUISTO
INVENTINTO
ENKETISTO
LINGVISTO
KURACISTO
PILOTO
PENTRISTO
ESPLORISTO
ZOOLOGO

57 - Letteratura

```
L Y N P W V V Q L C Z N Y R
Q Y T K O I A N A L O G I O
R T E M O J R N J U D M T M
C L U Y O D O Z A J O O Z A
Q V J C D V S T I L O R U N
B A N E K D O T O R I T M O
M K D E H C U E X Q P Z S P
P E B I O G R A F I O P O I
O C T J A X I R G J E P B N
E W U A J L M D G P M O T I
Z T P E F V O D Y Q O G A O
I K Z V J O T G R H H S K C
A T S X B Z R K O M P A R O
A Ŭ T O R O K O N K L U D O
```

ANALIZO

ANALOGIO

ANEKDOTO

AŬTORO

BIOGRAFIO

KONKLUDO

KOMPARO

DIALOGO

VARO

METAFORO

OPINIO

POEMO

POEZIA

RIMO

RITMO

ROMANO

STILO

TEMO

58 - Cibo #2

```
K  G  H  Ĉ  E  J  Y  P  Y  M  E  H  C  K
Ĉ  O  R  T  E  B  R  O  K  O  L  O  E  I
O  V  K  H  S  R  D  M  J  Z  Q  E  L  V
K  O  M  I  T  F  I  O  Q  F  M  F  E  O
O  N  T  V  D  R  I  Z  O  I  E  V  R  A
L  F  U  N  G  O  I  P  O  Ŝ  L  I  I  E
A  B  J  B  O  M  S  T  Ŝ  O  A  N  O  P
D  Q  B  A  N  A  N  O  I  S  N  B  J  A
O  I  S  Q  J  Ĝ  L  T  N  K  Z  E  O  N
K  W  P  K  A  O  D  O  K  G  O  R  G  O
T  O  M  A  T  O  L  R  O  S  Q  O  U  N
E  S  D  B  K  R  N  S  G  G  T  V  R  D
H  A  E  H  Z  M  P  D  Y  L  B  A  T  I
G  O  J  T  K  K  O  D  B  Q  Z  W  O  W
```

BANANO	PANO
BROKOLO	FIŜO
ĈERIZO	KOKIDO
ĈOKOLADO	TOMATO
FROMAĜO	ŜINKO
FUNGO	RIZO
TRITIKO	CELERIO
KIVO	OVO
POMO	VINBERO
MELANZO	JOGURTO

59 - Nutrizione

```
S  Z  D  F  E  R  M  E  N  T  A  D  O  K
X  C  I  S  G  Y  M  A  N  Ĝ  E  B  L  A
E  D  E  A  P  R  O  T  E  I  N  O  J  L
S  L  T  N  A  E  G  W  Y  B  U  U  D  O
P  G  O  O  I  U  K  B  L  Q  T  S  I  R
E  U  R  V  J  Y  V  V  H  F  R  A  G  I
C  S  L  I  Y  H  A  T  I  H  A  Ŭ  E  O
O  T  T  T  E  V  L  T  O  L  O  C  S  J
J  O  S  A  N  A  I  T  T  K  I  O  T  M
P  T  X  M  B  A  T  R  D  L  S  B  O  X
A  U  F  I  J  M  O  P  A  P  Q  I  R  H
G  K  R  N  E  A  P  E  T  I  T  O  N  A
Y  K  S  O  K  R  A  Z  D  F  J  H  J  O
X  L  I  K  V  A  Ĵ  O  J  H  L  Q  F  O
```

AMARA	PEZO
APETITO	PROTEINOJ
EKVILIBRA	KVALITO
KALORIOJ	SAŬCO
MANĜEBLA	SANO
DIETO	SANA
DIGESTO	SPECOJ
FERMENTADO	TOKSINO
GUSTO	VITAMINO
LIKVAĴOJ	

60 - Matematica

```
P K T N S U M O H V D R O G
X A V A N G U L O J I E O A
P A R A L E L O M F A C F R
I S E A D I V I D O M T N I
C P Z L L R A R A C E A Q T
W E K R V E A N L P T N F M
K R G D D J L T J Z R G R E
S I M E T R I O O U O U A T
S M V O L U M O G D H L K I
Y E K V A C I O Z R O O C K
L T R I A N G U L O A K I O
J R D E C I M A L A Z M O Q
P O L I G O N O H Z E E O B
G X E K S P O N E N T O N Y
```

ANGULOJ   PARALELOGRAMO
ARITMETIKO   PERIMETRO
DECIMALA   POLIGONO
DIAMETRO   KVADRATO
DIVIDO   RECTANGULO
EKVACIO   SIMETRIO
EKSPONENTO   SUMO
FRAKCIO   TRIANGULO
PARALELO   VOLUMO

61 - Vacanza #1

```
B  I  L  E  T  O  W  A  P  F  G  M  T  C
P  Z  A  Ŭ  T  O  Y  I  A  C  X  A  R  B
Q  C  G  D  O  U  H  S  R  T  K  L  A  M
Y  J  O  H  P  U  R  P  T  G  V  S  M  B
Q  Q  F  T  X  W  E  I  O  N  M  T  O  A
M  G  G  V  A  M  M  G  S  H  Z  R  M  V
V  A  L  I  Z  O  U  K  N  T  D  E  B  I
D  R  I  Z  G  I  K  Z  J  B  O  Ĉ  R  A
K  X  Q  I  B  T  U  O  E  X  G  I  E  D
E  X  P  E  D  I  C  I  O  O  A  Ĝ  L  I
V  X  U  M  K  N  J  O  G  D  N  O  O  L
Z  S  R  D  Y  E  P  H  P  H  O  D  R  O
X  B  M  Z  U  R  V  A  L  U  T  O  R  C
P  M  J  W  D  O  R  S  O  S  A  K  O  Z
```

AVIADILO	PARTO
AŬTO	MALSTREĈIĜO
BILETO	EXPEDICIO
DOGANO	TRAMO
ITINERO	TURISTO
LAGO	VALIZO
MUZEO	VALUTO
OMBRELO	DORSOSAKO

62 - Meditazione

```
M  P  P  Q  V  P  E  M  O  C  I  O  J  T
N  U  E  X  D  A  M  E  N  S  O  S  V  R
Q  P  Z  R  T  C  S  N  Y  P  T  T  T  A
E  J  J  I  S  O  I  T  V  I  H  A  F  N
K  M  B  L  K  P  L  A  S  R  J  D  J  K
L  O  M  X  F  O  E  A  I  A  D  A  A  V
A  V  M  I  T  G  N  K  N  D  H  N  G  I
R  A  D  P  M  R  T  C  T  O  T  K  M  L
E  D  A  A  A  N  O  E  E  I  Z  O  J  E
C  O  V  Z  G  T  O  P  N  Q  V  N  C  I
O  B  S  E  R  V  O  T  O  D  A  O  K  C
N  A  T  U  R  O  F  O  A  T  E  N  T  U
Z  N  W  H  P  L  P  P  E  N  S  O  J  Q
Z  M  F  E  L  I  Ĉ  O  O  U  H  T  A  K
```

AKCEPTO	MOVADO
ATENTU	MUZIKO
TRANKVILE	NATURO
KLARECO	OBSERVO
KOMPATO	PACO
EMOCIOJ	PENSOJ
FELIĈO	SINTENO
DANKON	PERSPEKTIVO
MENTA	SPIRADO
MENSO	SILENTO

63 - Estate

```
H  G  S  T  L  D  K  P  H  M  H  M  L  M
P  E  A  M  I  K  O  J  L  E  D  A  U  A
L  T  J  F  A  M  I  L  I  O  A  R  D  L
A  E  F  M  O  A  P  U  B  S  N  O  O  S
Ĝ  N  E  U  O  N  P  G  R  A  L  Ĝ  J  T
O  D  R  Z  C  Ĝ  M  V  O  N  I  X  O  R
R  U  I  I  Ĝ  O  J  O  J  D  B  F  E  E
F  M  O  K  T  E  K  J  U  A  E  E  C  Ĉ
R  A  E  O  Y  Z  O  A  S  L  R  S  O  I
V  D  W  M  I  C  R  Ĝ  T  O  T  G  N  Ĝ
G  O  A  T  O  A  E  O  E  J  E  F  Y  O
T  U  V  E  E  R  T  J  L  J  M  J  V  A
M  E  P  B  M  E  O  Q  O  Y  P  T  M  S
Ĝ  A  R  D  E  N  O  J  J  I  O  V  U  Z
```

AMIKOJ	MARO
TENDUMADO	MUZIKO
HEJMO	MEMOROJ
MANĜO	MALSTREĈIĜO
FAMILIO	SANDALOJ
ĜARDENO	PLAĜO
LUDOJ	STELOJ
ĜOJO	LIBERTEMPO
PLONĜO	FERIO
LIBROJ	VOJAĜO

64 - Escursionismo

```
G V I D I L O J R N K X M K
P O Z H Y R E C J E S B V L
E I J W A R P C Q E S R S I
U V M A P O J S M Y M Y U M
V G M K C Y F F B J U P N A
I E Ŝ V L P P R E P A R O T
N W T O Y A E O S K E F W O
A J O E N R C F T C V Z P K
T T N N R K J A O N G F A S
U M O N T O T O J O H R B O
R Z J X L J U M K L I F O V
O R I E N T I Ĝ O Q E L T A
H O Z O T E N D U M A D O Ĝ
T T W P U N T O B Y F X J A
```

AKVO
BESTOJ
TENDUMADO
KLIMATO
GVIDILOJ
MAPO
VETERO
MONTO
NATURO
ORIENTIĜO

PARKOJ
PEZA
ŜTONOJ
PREPARO
KLIFO
SOVAĜA
SUNO
LACA
BOTOJ
PUNTO

65 - Professioni #1

```
I  R  I  Q  O  N  J  A  D  X  C  K  V  R
K  A  R  T  O  E  U  M  A  E  F  A  A  E
U  R  U  A  C  Y  V  B  N  I  D  R  R  D
B  I  B  F  M  S  E  A  C  D  B  T  T  A
G  A  E  G  S  X  L  S  I  M  S  O  I  K
J  M  N  J  H  M  I  A  S  U  P  G  S  T
O  I  S  K  F  U  S  D  T  Z  I  R  T  O
L  Ĉ  A  S  I  S  T  O  O  I  A  A  I  R
M  Z  F  A  T  S  O  R  U  K  N  F  N  O
Y  A  R  T  I  S  T  O  C  I  I  O  O  N
Z  G  E  O  L  O  G  O  H  S  S  J  Z  M
P  L  U  M  B  I  S  T  O  T  T  J  G  O
A  D  V  O  K  A  T  O  H  O  O  X  P  J
A  P  O  T  E  K  I  S  T  O  D  X  X  K
```

AMBASADORO
ARTISTO
ADVOKATO
DANCISTO
BANKISTO
ĈASISTO
KARTOGRAFO
REDAKTORO

APOTEKISTO
GEOLOGO
JUVELISTO
PLUMBISTO
VARTISTINO
MUZIKISTO
PIANISTO

66 - Antartide

```
M  I  N  E  R  A  L  O  J  T  S  B  P  W
W  N  B  U  M  E  D  I  O  E  C  A  E  U
N  S  A  H  B  K  D  I  E  M  I  J  N  L
K  U  L  E  R  O  C  K  Y  P  E  O  I  F
G  L  E  G  O  N  J  G  Y  E  N  A  N  U
L  O  N  M  G  S  X  E  L  R  C  V  S  E
A  J  O  T  C  E  B  O  D  A  A  O  U  X
Ĉ  K  J  S  J  R  L  G  K  T  C  M  L  P
E  O  V  X  V  V  Z  R  K  U  C  I  O  E
R  I  U  O  L  A  W  A  Z  R  W  G  O  D
O  O  J  L  I  D  X  F  E  O  B  R  O  I
J  E  S  P  L  O  R  I  S  T  O  A  T  C
M  D  R  W  X  S  G  O  Q  F  L  D  L  I
K  O  N  T  I  N  E  N  T  O  F  O  P  O
```

AKVO
MEDIO
BAJO
BALENOJ
KONSERVADO
KONTINENTO
GEOGRAFIO
GLAĈEROJ
GLACIO
INSULOJ

MIGRADO
MINERALOJ
NUBOJ
PENINSULO
ESPLORISTO
ROCKY
SCIENCA
EXPEDICIO
TEMPERATURO

67 - Libri

```
B  B  E  P  D  U  E  C  O  P  R  F  C  K
K  U  N  T  E  K  S  T  O  C  A  N  Y  O
I  X  A  V  E  N  T  U  R  O  K  Ĝ  X  L
N  E  P  O  P  E  A  T  S  G  O  L  O  E
V  H  I  S  T  O  R  I  A  T  N  I  I  K
E  X  P  E  Z  P  E  T  T  T  T  T  C  T
N  N  H  R  O  Z  L  L  B  R  A  E  E  O
T  M  R  I  A  K  E  E  X  A  N  R  V  R
A  P  H  O  Q  K  V  G  E  G  T  A  P  Y
Z  O  U  N  M  L  O  A  K  I  O  T  Z  Y
W  E  M  B  E  A  Y  N  M  K  S  U  P  C
G  Z  U  I  I  L  N  T  T  A  R  R  X  Z
C  I  R  M  J  T  R  O  H  O  A  A  W  C
S  O  A  Ŭ  T  O  R  O  S  K  R  I  B  A
```

AŬTORO   PAĜO
AVENTURO   POEZIO
KOLEKTO   RELEVO
KUNTEKSTO   ROMANO
DUECO   SKRIBA
EPOPEA   SERIO
INVENTA   RAKONTO
LITERATURA   HISTORIA
LEGANTO   TRAGIKA
RAKONTANTO   HUMURA

68 - Geografia

```
A T L A S O L V G W H S N K
O Q L U U F A U L C Z E R O
C J M M E R I D I A N O E N
E B J F P I B M S L N A G T
A S B Z I V W O U T S D I I
N T E K T E C N D E X M O N
O X I R C R O D O C Y T N E
B S H N X O V O V O T C O N
H E M I S F E R O M A R O T
N O R D O U C L X F Q A V O
Q V A F D O L J M O N T O M
E J T E R I T O R I O Y V A
L A T I T U D O U N D A V P
M L R O K C I D E N T O X O
```

ALTECO	MERIDIANO
ATLASO	MONDO
URBO	MONTO
KONTINENTO	NORDO
HEMISFERO	OCEANO
RIVERO	OKCIDENTO
INSULO	LANDO
LATITUDO	REGIONO
MAPO	SUDO
MARO	TERITORIO

69 - Cibo #1

```
X S T K K E L H J G X S G C
M I T E O V K A U U W P W I
T J H V J A I H K J R I B N
I B A Z I L O A J T Y N S A
N P P C I T R O N O O A U M
U I M E N T O U B D H C K O
S R A P O I D I C O O O R
O A J O K A R O T O R Y H Q
F F L T F R A G O C D D O J
Y F O O P I R O N X E W J K
U N K W K U K O D B O X F Q
S U K E R O H J Y A C G S K
Y D F R C U E D E U G A Z J
H L N B W V S A L A T O F F
```

AJLO
BAZILO
CINAMO
VIANDO
KAROTO
CEPO
FRAGO
SALATO
LAKTO
CITRONO

MENTO
HORDEO
PIRO
RAPO
SALO
SPINACO
SUKO
TINUSO
KUKO
SUKERO

70 - Aeroplani

```
B H A T M O S F E R O D V P
A I T H I S T O R I O E U N
L D F U E L O B B Q W V W K
O R E O I R P A S A Ĝ E R O
N O S K I P O V A D X N M N
O G M P N D M E P L J O O S
T E O I A M Q N W S T E F T
X N T L V W S T J Y F O S R
A O O O I C I U G O C L E U
U C R T G S U R T E R I Ĝ O
G Z O O I U Q O N B S S N X
D I R E K T O A E R O R G U
D A J Ĉ I E L O U K A R Z E
A L T E C O Y G X E C Z N O
```

ALTO
ALTECO
AERO
ATMOSFERO
SURTERIĜO
AVENTURO
FUELO
ĈIELO
KONSTRUO
DIREKTO

DEVENO
SKIPO
HIDROGENO
MOTORO
NAVIGI
BALONO
PASAĜERO
PILOTO
HISTORIO

71 - Pirati

```
Y  M  N  Z  S  L  G  J  H  I  O  G  C  M
G  X  B  Z  I  Z  P  L  A  Ĝ  O  A  I  C
G  D  F  K  A  P  I  T  A  N  O  C  K  K
K  Q  S  R  Z  H  M  L  X  V  G  M  A  O
J  E  Q  J  A  J  A  N  K  R  O  O  T  M
B  Y  L  L  K  F  P  U  M  U  O  N  R  P
A  I  N  S  U  L  O  A  M  M  O  E  O  A
M  J  O  G  D  O  R  O  P  O  L  R  M  S
S  K  I  P  O  A  F  X  K  A  E  O  A  O
F  L  A  G  O  B  N  S  W  A  G  J  L  K
T  R  E  Z  O  R  O  Ĝ  N  G  E  O  B  H
Z  I  G  Z  O  K  A  V  E  R  N  O  O  T
C  O  D  K  S  J  S  L  F  R  D  U  N  M
N  J  V  A  V  E  N  T  U  R  O  N  A  U
```

ANKRO	LEGENDO
AVENTURO	MAPO
FLAGO	MONEROJ
KOMPASO	ORO
KAPITANO	PAPAGO
MALBONA	DANĜERO
CIKATRO	RUMO
SKIPO	GLAVO
KAVERNO	PLAĜO
INSULO	TREZORO

72 - Colori

```
Z  B  W  T  U  Q  F  R  D  U  S  Z  D  F
U  A  Z  U  R  N  U  M  O  H  C  D  U  T
O  R  A  N  Ĝ  O  C  G  R  Z  T  S  H  Y
F  L  A  V  A  A  H  V  W  W  O  U  N  R
I  C  N  P  W  K  S  E  Z  O  L  U  Y  U
L  P  Z  Y  D  F  I  R  Y  T  S  M  D  Ĝ
S  B  R  U  N  A  O  D  X  M  P  Y  Y  A
E  B  C  E  J  A  N  A  B  L  U  A  G  P
P  F  L  A  V  G  R  I  Z  A  R  Z  Z  M
I  G  L  A  A  G  L  I  I  Z  P  B  R  Z
O  M  R  K  N  I  G  R  A  U  U  B  G  B
X  R  Y  I  Y  K  J  M  K  R  R  H  G  Y
B  U  Y  G  Z  A  A  U  E  O  A  R  H  Q
O  P  W  V  Z  A  C  Z  U  N  C  D  P  V
```

ORANĜO   GRIZA
LAZURO   BRUNA
FLAVGRIZA   NIGRA
BLANKA   ROZO
BLUA   RUĜA
CEJANA   SEPIO
FUCHSIO   VERDA
FLAVA   PURPURA

73 - Spiaggia

```
A  J  I  W  C  H  S  A  K  C  S  A  T  W
R  W  K  N  Q  O  A  H  R  R  B  Q  U  G
E  V  V  C  Z  V  B  L  T  Q  A  K  K  E
R  O  M  B  R  E  L  O  M  H  E  B  O  H
D  I  N  S  U  L  O  T  D  O  K  O  O  S
N  Z  F  I  W  N  X  Q  R  S  C  C  F  A
G  J  E  O  Q  M  M  C  H  U  G  E  N  N
O  W  R  Z  A  L  A  G  U  N  O  A  K  D
X  L  I  L  K  Y  R  R  O  O  J  N  E  A
T  I  O  Y  S  V  O  Q  B  X  B  O  X  L
V  E  L  Ŝ  I  P  O  N  B  O  A  T  O  O
B  L  U  A  V  B  J  L  W  F  R  Q  Z  J
U  B  J  W  Y  P  T  C  W  R  O  D  O  W
S  Q  A  M  J  P  O  T  H  H  P  U  O  P
```

TUKO	MARO
BOATO	OCEANO
VELŜIPO	OMBRELO
BLUA	SABLO
MARBORDO	SANDALOJ
DOKO	RIFO
KRABO	SUNO
INSULO	FERIO
LAGUNO	

74 - Avventura

```
D  N  D  Y  C  H  V  Z  F  Z  Q  Z  P  E
R  E  N  T  U  Z  I  A  S  M  O  Ĝ  R  K
K  S  S  D  I  F  I  C  U  L  T  O  E  S
Y  Z  P  T  F  T  N  Y  E  U  I  J  P  K
V  A  R  Q  I  W  B  E  L  E  C  O  A  U
B  F  E  O  G  N  O  Q  K  J  N  L  R  R
N  R  Ŝ  O  J  O  O  S  Y  U  A  H  O  S
A  I  A  K  T  I  V  E  C  O  T  V  A  O
V  T  N  V  N  I  O  K  P  Z  U  I  D  I
I  I  C  O  O  I  J  U  D  V  R  L  M  G
G  N  O  A  V  W  A  R  E  B  O  C  N  A
A  E  E  D  A  N  Ĝ  E  R  A  H  Q  F  S
D  R  I  E  T  V  O  C  A  M  I  K  O  J
O  O  O  J  K  O  J  O  V  T  K  D  A  F
```

AMIKOJ	NEKUTIMA
AKTIVECO	ITINERO
BELECO	NATURO
ŜANCO	NAVIGADO
BRAVO	NOVA
DESTINO	DANĜERA
DIFICULTO	PREPARO
ENTUZIASMO	SEKURECO
EKSKURSO	VOJAĜOJ
ĜOJO	

75 - Forme

```
P P E T M B F L A N K O K S
B R A N D O J Z K Q U Y U F
H I P E R B O L O A B V R E
L S P Z V S F G Q A O N B R
I M P O L I G O N O V H O O
N O Q R E C T A N G U L O P
I K J T R I C E R B Z G X I
O O L W S L O I L K X F I R
O N A T V I A Z R I O C H A
V U Z W Q N R O B K P L H M
A S K V A D R A T O L S N I
L O S M U R I W L C A O O D
A N G U L O C N A U E Y R O
T R I A N G U L O O V U L X
```

ANGULO	FLANKO
ARKO	LINIO
RANDOJ	OVALA
CIRKLO	PIRAMIDO
CILINDRO	POLIGONO
KONUSO	PRISMO
KUBO	KVADRATO
KURBO	RECTANGULO
ELIPSO	SFERO
HIPERBOLO	TRIANGULO

76 - Oceano

```
O N D O J O P L K H Z O T M
Ŝ T O R M O Y O R Y H L E E
T I N U S O J S L Q Y U S D
J T P A R K D P A P G W T U
H D E L F E N O N L O Q U Z
X Q O J K J M N G A G K D O
S A L O O M N G I I Q O O J
A L Ŝ A R K O O L J Q E J A
L O W W A I I A O O S T R O
I O Q U L R F B A L E N O Q
K S N Y O W I O B O A T O I
O K R A B O Ŝ Q Z M W E D O
K V J W M T O D T Q R R H D
O U A Y H H G O I A R O S F
```

ALGOJ
ANGILO
BALENO
BOATO
KORALO
DELFENO
SALIKOKO
KRABO
MEDUZOJ
ONDOJ

OSTRO
FIŜO
POLPO
SALO
RIFO
SPONGO
ŜARKO
TESTUDO
ŜTORMO
TINUSO

77 - Famiglia

```
Y  V  V  H  I  M  G  L  Q  N  E  P  O  L
N  W  P  A  N  E  P  O  W  E  A  R  O  V
U  E  D  K  F  R  A  T  I  N  O  A  V  O
K  D  V  B  A  X  M  N  J  E  N  P  X  N
T  Z  X  O  N  D  H  O  T  E  K  A  N  K
B  I  X  T  O  C  B  W  L  D  L  T  G  L
I  N  F  A  N  O  J  K  U  Z  O  R  S  I
N  O  U  V  V  P  J  H  R  O  C  O  O  N
F  J  T  T  K  I  F  C  P  F  O  R  U  O
A  P  A  T  R  O  N  K  A  J  R  V  X  Z
N  F  I  L  I  N  O  O  T  A  X  A  X  C
A  P  A  T  R  I  N  A  R  U  K  I  T  P
Ĝ  P  A  T  R  I  N  O  A  I  U  T  V  O
O  K  V  Y  S  K  P  L  K  O  V  Q  O  E
```

PRAPATRO	EDZINO
INFANOJ	NEVO
INFANO	NEPO
KUZO	AVINO
FILINO	AVO
FRATO	PATRO
INFANAĜO	PATRA
PATRINO	FRATINO
EDZO	ONKLINO
PATRINA	ONKLO

78 - Veicoli

```
H S T R A C T O R Z D W H M
E K U L N F R B R A K E T O
L O A B I C I K L O A B Z T
I T Y O M E T R O O M A C O
K E A V I A D I L O I M G R
O R O L Y O R G T R O B R O
P O A M O M E Ŝ S K N U N O
T A K S I O P R I M O L Z Y
E T R A J N O Y V P F A D Y
R B C K A R A V A N O N O L
O H O K B U S O K E R C V P
P R S A C O F S Y Ŭ R O H E
K T O K T W M F L O S O J I
U D J B O O A K U J A Ŭ T O
```

AVIADILO
AMBULANCO
AŬTO
BUSO
BOATO
BICIKLO
KAMIONO
KARAVANO
HELIKOPTERO
METROO

MOTORO
PNEŬOJ
RAKETO
SKOTERO
SUBMARŜIPO
TAKSIO
PRIMO
TRACTOR
TRAJNO
FLOSO

79 - Natura

```
T R O P I K A Y O X P Y F R
P D I A N U B O J E B A O I
M M W V H P S C Q I K E L F
W C A U E P W X O S D X I U
E P I T H R M B E L E C O Ĝ
D R W A R M O A B E L O J O
D I O S P Z N E B U L O V G
E V N Z I O T Z E V Y L K L
Z R F A I G O N S E R E N A
E L F R M O J R T Q U V W C
R A G B F I X S O V A Ĝ A E
T H B A B B K C J R S D L R
O I T R X C O A R K T O I O
G U T O O D A M Z E D J R A
```

BESTOJ
ABELOJ
ARKTO
BELECO
DEZERTO
DINAMIKA
EROZIO
RIVERO
FOLIOJ

ARBARO
GLACERO
MONTOJ
NEBULO
NUBOJ
RIFUĜO
SOVAĜA
SERENA
TROPIKA

80 - Balletto

```
C Z J K L E A W G R W D E G
R C R O I E P P Y F A A S R
B T I R Y D R G F K R P P A
E A V E D I O T A W T L R C
P M C G E S T O O K A A I I
M Q O R K E S T R O P Ŭ M A
U U Q A W S I M N M A D A F
S X Z F A T N A O P R O V O
K P U I N U X G W O B J G O
O P E O K V C J R N J I N Y
L W B V U O B Y N I F R D Q
O P R A K T I K O S T I L O
J T E K N I K O T T A M T A
I N T E N S E C O O M J O C
```

LERTO   MUSKOLOJ
APLAŬDOJ   MUZIKO
ARTA   ORKESTRO
KOMPONISTO   PRAKTIKO
KOREGRAFIO   PROVO
ESPRIMA   RITMO
GESTO   STILO
GRACIA   TEKNIKO
INTENSECO

81 - Castelli

```
M  R  P  K  X  G  D  F  U  D  P  D  N  Ĉ
Ĉ  E  V  A  L  O  C  Y  N  Z  A  I  T  I
N  J  D  T  P  R  I  N  C  O  L  N  U  R
O  Q  I  A  M  C  F  Q  X  G  A  A  R  K
O  Ŝ  Y  P  U  F  G  C  Z  L  C  S  O  A
U  I  X  U  R  N  O  B  L  A  O  T  F  Ŭ
G  L  P  L  O  I  R  G  D  V  R  I  O  F
R  D  E  T  F  M  N  E  I  O  Y  O  R  O
K  O  H  O  E  P  E  C  G  Q  K  F  T  S
P  I  I  J  Ŭ  E  I  P  I  N  Q  F  E  A
Q  W  R  X  D  R  A  K  O  N  O  J  C  Ĵ
S  F  B  A  A  I  H  X  K  R  O  N  O  O
I  F  W  U  S  O  K  A  V  A  L  I  R  O
C  S  I  W  K  O  Y  K  X  C  U  N  Q  H
```

KIRASO	IMPERIO
KATAPULTO	NOBLA
KAVALIRO	PALACO
ĈEVALO	MURO
KRONO	PRINCO
DINASTIO	PRINCINO
DRAKO	REGNO
FEŬDA	ŜILDO
FORTECO	GLAVO
ĈIRKAŬFOSAĴO	TURO

82 - Campionato

```
F I N A L I S T O I Z S E K
C F R S I P T T E A M O T X
A G A D O N R B U H V S R O
K P Ĉ W I V A S X R A U E Ĉ
J B E A L P T C S P N M J A
U M D A M M E D A L O O N M
Ĝ V K L C P G W C U O O I P
I E Y G L L I G O D X Y S I
S N B M C L O O N O Q P T O
T K S Q D A X Z N J O K O N
O O J T N I S N D A Z G E O
U N S P I R A D O Q D Y X U
W D B Y O G X V A K O O M H
U L K Z M G O S P O R T O J
```

TREJNISTO
ĈAMPIONADO
ĈAMPIONO
FINALISTO
LUDOJ
JUĜISTO
LIGO
MEDALO

INSTIGO
AGADO
SPORTOJ
TEAMO
STRATEGIO
SPIRADO
TURNO
VENKO

83 - Foresta Pluviale

```
Z E K S U P E R V I V O K M
S A B O T A N I K O A E O A
V Z S R M Ĝ X J T K L C N M
O N O A U U A H D A O X S U
B I R D O J N N H R D E L
R I F U Ĝ O J U G C A W R O
E N V Z B K L I M A T O V J
S D I V E R S E C O L L A H
P I I L F E P N E J G O D J
E Ĝ S J E S E U A K B G O V
K E G N D T C B A T N D S Z
T N D D V A I O X M U S K O
O A G J B R O J N K Z R R C
T G B K R O I N S E K T O J
```

BOTANIKO
KLIMATO
KOMUNUMO
DIVERSECO
ĜANGALO
INDIĜENA
INSEKTOJ
MAMULOJ
MUSKO
NATURO

NUBOJ
KONSERVADO
VALORA
RESTARO
RIFUĜO
RESPEKTO
SUPERVIVO
SPECIO
BIRDOJ

84 - Edifici

```
Y  R  A  N  U  M  G  Q  X  K  H  G  W  J
W  F  O  M  S  Z  U  A  T  T  U  R  O  L
T  H  U  K  T  U  I  Z  S  H  A  E  K  E
H  O  T  E  L  O  R  N  E  T  H  N  I  R
A  M  B  A  S  A  D  O  O  O  E  E  N  N
L  A  B  O  R  A  T  O  R  I  O  J  O  E
O  B  S  E  R  V  A  T  O  R  I  O  O  J
D  O  L  W  N  E  I  E  B  T  A  K  S  O
S  A  U  K  A  B  A  N  O  E  G  A  T  J
N  P  K  Z  E  V  G  D  O  A  B  S  A  Z
U  P  G  F  E  R  L  O  Q  T  H  T  D  V
H  O  S  P  I  T  A  L  O  R  R  E  I  B
E  A  E  S  M  F  M  A  T  O  G  L  O  V
A  P  A  R  T  A  M  E  N  T  O  O  X  B
```

AMBASADO	MUZEO
APARTAMENTO	HOSPITALO
KABANO	OBSERVATORIO
KASTELO	GASTEJO
KINO	LERNEJO
UZINO	STADIO
GRENEJO	TEATRO
HOTELO	TENDO
LABORATORIO	TURO

85 - Paesi #2

```
L Y R W X E N F X T Y N L P
N D L S X V T H Z Q M E G A
J A M A J K O I J K Y P Y K
A N X E K R F C O H H A B I
P I L K K U V J H P N L I S
A O G K N S I R I O I O R T
N K S X V I I F O F G O L A
I U H K L O H K N K E M A N
O G S Q Z I X A O F R A N O
Q A U K R A I N I O I C D L
I N D O N E Z I O T O A O A
L D A L B A N I O C I T X O
G O N L I B E R I O P O F S
D N O I G R E K I O B L U O
```

ALBANIO	LIBERIO
DANIO	MEKSIKO
ETIOPIO	NEPALO
JAMAJKO	NIGERIO
JAPANIO	PAKISTANO
GREKIO	RUSIO
HAITIO	SIRIO
INDONEZIO	SUDANO
IRLANDO	UKRAINIO
LAOSO	UGANDO

86 - Tipi di Capelli

```
B M H P A B L O N D A A S C
R A L L L R T E I Y H Q A I
A L I E U U Ĝ G R I Z A N Q
I D B K T N B E J S V G A S
D I B T A A L O N G A Q I M
E K S A M D A W B T D I K A
D A E Ĵ L N N F U U O M A L
T Z K O A T K C K D K V G L
B S A J P C A P L A L L L O
K O L O R A J S O W L T A N
N I G R A F K M J H P V T G
I O E L J G H V O R U G A A
I O V B A O N A Y Q I Z U R
B M H T O I P U Q M O L A J
```

ARĜENTO
SEKA
BLANKA
BLONDA
MALLONGA
KALVA
KOLORAJ
GRIZA
BRAIDED
GLATA

LONGA
BRUNA
MOLA
NIGRA
BUKLA
BUKLOJ
SANA
MALDIKA
DIKA
PLEKTAĴOJ

87 - Vestiti

```
S A N D A L O J D Q P M N S
Ŝ T R U M P E T O J U B J E
Ĉ E M I Z O M C E N W R Z V
I X P S K U L O D Y I A I E
W Ŝ K I Y K V W D E M C B T
J U P O Ĵ Ĉ J G M O G E L E
J O A N T A Ŭ T U K O L U R
A P N K Y P M D E N L E Z F
K Z T T O E Q O G A N T O J
O R A Z Q L Z O N O A O A B
Q T L Y D O I U M E O Y O H
L E O X X X V E S T O H F S
M A N T E L O A R M Y J S D
D A O W F T K I W O R M M Z
```

VESTO
BRACELETO
ŜTRUMPETOJ
BLUZO
ĈEMIZO
ĈAPELO
MANTELO
ZONO
KOLIERO
JAKO

JUPO
ANTAŬTUKO
GANTOJ
SEVETER
MODO
PANTALONO
PIĴAMO
SANDALOJ
ŜUO
SKULO

88 - Attività e Tempo Libero

```
V O L E I B O L H B N K G Y
G F F I Ŝ K A P T A D O N V
P U I D D C H P W S T A E N
G L B O K S A D O K E L B H
L O O N A Ĝ A D O E N T F T
S Y L N S Y H H B T D I U Q
N M T F Ĝ U O Z G B U G T P
Y U N Y O O R L S A M A B P
B A S B A L O F U L A N A E
U R T E N I S O I O D T L N
O T E B S M C E V N O A O T
V O J A Ĝ O K N V C G N Z R
A H S Ĝ A R D E N A D O F O
V K S C T R V Q K Z Q H V W
```

ARTO
BASBALO
BASKETBALO
BOKSADO
FUTBALO
TENDUMADO
ALTIGANTA
ĜARDENADO
GOLFO

PLONĜO
NAĜADO
VOLEIBOL
FIŜKAPTADO
PENTRO
SURFING
TENISO
VOJAĜO

89 - Tecnologia

```
E  K  R  A  N  O  I  D  O  S  I  E  R  O
S  O  T  L  F  F  N  D  Z  S  R  Q  I  V
E  M  L  O  O  T  T  I  D  V  F  B  Z  N
K  P  P  R  T  I  E  G  M  E  S  A  Ĝ  O
U  U  E  P  I  P  R  I  P  W  T  J  V  J
R  T  R  E  L  A  R  T  S  K  A  T  I  V
E  I  H  S  O  R  E  A  O  I  T  O  R  I
C  L  T  P  O  O  T  L  F  D  I  J  U  R
O  O  F  L  M  R  O  O  T  A  S  F  S  T
H  W  Y  O  W  V  O  L  V  T  T  G  O  U
Z  L  Y  R  Z  S  I  P  A  U  I  A  I  A
P  D  Z  A  E  M  W  J  R  M  K  K  R  L
V  T  J  D  Q  F  U  M  O  O  O  G  P  A
Z  N  R  O  R  E  T  U  M  I  L  O  E  D
```

RETUMILO
BAJTOJ
KOMPUTILO
KURSORO
DATUMO
DIGITALO
DOSIERO
TIPARO
INTERRETO

MESAĜO
ESPLORADO
EKRANO
SEKURECO
SOFTVARO
STATISTIKO
FOTILO
VIRTUALA
VIRUSO

90 - Arte

```
I V N F S K O M P O N A D O
A J D U Y U N J S I M P L A
J V A M H K B B U Q P P Y H
E S P R I M O J P O E Z I O
J V V F N X W K E S Z O I N
C E R A M I K O R K U N N E
I Y K U Q U N M R U T P S S
S N V M M F W P E L K O P T
O R I G I N A L A P I R I O
S R V F Z S C E L T V T R L
V U R V R M I K I A I R I K
H U M O R O I S S Ĵ D E T E
K S I M B O L O M O A T A T
D U T N P E R S O N A U L X
```

CERAMIKO
KOMPLEKSO
KOMPONADO
ESPRIMO
INSPIRITA
HONESTO
ORIGINALA
PERSONA
POEZIO

PORTRETU
SKULPTAĴO
SIMPLA
SIMBOLO
SUBJEKTO
SUPERREALISMO
HUMORO
VIDA

91 - Meteo

```
T U R X Z C E Ŝ T O R M O Ĉ
T R C J X K Z F O T R T H I
E V A P Z N L U R P Z T P E
M E B N O P X L N U B O N L
P N C D K L I M A T O N K O
E T I A H V U O D F P D H K
R O O T C S I S O B Ĉ R U A
A N W M R M G L A C I O M N
T B Y O A O R X E H E I I E
U S D S P J P M Z I L F D B
R E G F Y A M I A X A V A U
O K S E K E C O K D R A R L
V A U R A G A N O A K K E O
H T A O O N L D H H O P D R
```

ĈIELARKO

SEKA

ATMOSFERO

TRANKVILE

ĈIELO

KLIMATO

FULMO

GLACIO

NEBULO

NUBO

POLUSA

SEKECO

TEMPERATURO

ŜTORMO

TORNADO

TROPIKA

TONDRO

HUMIDA

URAGANO

VENTO

92 - Corpo Umano

```
D E Z S Z M N S X S E C X V
K U B U T O A C A T G W Y N
A T P Y W O R E L O Q Y N S
P J K F U B M H S K M R G Y
O H M C G U A A S U E Z M K
V M Z G E O N T K L N K A N
Z F I N G R O O X O T O L U
K O P S Y X B U Ŝ O O R E M
U V I Z A Ĝ O O U D N O O I
K O L O E N I S L M O U L N
B N E X R A G C T W D Z O H
Z F T L M Z E O R O S Q S U
K R U R O O X B O A D K O O
R L G E N U O D S K M Y W T
```

BUŜO
MALEOLO
CERBO
KOLO
KORO
FINGRO
VIZAĜO
KRURO
GENUO
KUBUTO

MANO
MENTONO
NAZO
OKULO
ORELO
SANGO
ŜULTRO
STOMAKO
KAPO

93 - Mammiferi

Ŝ	K	Z	Y	B	W	F	D	I	B	H	N	J	K
A	O	E	O	A	A	S	I	M	I	O	V	B	D
F	J	B	K	F	V	L	Ĉ	E	V	A	L	O	X
O	O	R	N	A	R	C	E	R	V	O	R	K	V
E	T	O	K	E	T	K	A	N	G	U	R	U	O
K	O	E	A	B	J	O	N	N	O	Q	Ĝ	N	T
D	E	L	F	E	N	O	K	C	C	D	I	I	Q
Q	H	E	C	U	L	V	A	O	O	E	R	K	B
J	X	F	T	V	I	R	B	O	V	O	A	L	T
R	U	A	S	L	U	P	O	B	R	V	F	O	K
B	U	N	T	Z	V	L	E	O	N	O	O	B	N
W	R	T	T	R	T	V	P	E	Y	R	E	T	F
K	S	O	H	U	N	D	O	O	A	Y	Z	Z	A
A	O	R	C	Y	P	G	F	G	O	R	I	L	O

BALENO
HUNDO
KANGURUO
ĈEVALO
CERVO
KUNIKLO
KOJOTO
DELFENO
ELEFANTO
KATO

ĜIRAFO
GORILO
LEONO
LUPO
URSO
ŜAFO
SIMIO
VIRBOVO
VULPO
ZEBRO

94 - Arrampicata

```
O V C W K A S K O W V C F R
D B P Q L Z L E I V K Q I Z
K L G V B D S T B X Z B Z D
Z A B J E K C D I R E W I G
A R Z V G N I L C G M G K J
T W T N V L V H C L A A A J
M T E F I M O M D S P N P U
O H K Q D A L T E C O T T X
S T A B I L E C O V O O Q A
F P V F L L M K H F U J B H
E D E O O A O T E R E N O V
R X R R J R B O T O J Q D U
O S N T T Ĝ J D X G A I E O
J X O O S A T R E J N A D O
```

ALTECO	KAVERNO
ATMOSFERO	GANTOJ
KASKO	GVIDILOJ
SCIVOLEMO	VUNDO
ALTIGANTA	MAPO
SPERTA	STABILECO
FIZIKA	BOTOJ
TREJNADO	MALLARĜA
FORTO	TERENO

95 - Animali Domestici

```
B  A  B  J  K  A  P  R  O  M  A  N  Ĝ  O
M  O  B  N  A  H  A  M  S  T  R  O  M  I
H  K  V  P  T  N  P  I  E  D  O  J  L  H
D  P  I  I  O  X  A  K  V  O  R  Q  A  H
T  Y  Y  D  N  J  G  G  R  Q  W  B  C  Y
L  N  O  O  T  O  O  H  B  F  M  R  E  N
O  M  O  H  V  E  T  E  R  I  N  A  R  O
V  O  S  T  O  Y  S  K  Q  Ŝ  W  T  T  K
H  X  C  L  I  T  I  T  A  O  B  Q  O  O
U  L  T  H  M  U  S  O  U  T  A  Z  O  L
N  K  U  N  I  K  L  O  D  D  I  R  U  U
D  Y  U  C  K  A  L  I  G  J  O  D  V  M
O  J  J  C  Q  W  F  F  L  B  O  P  O  O
H  R  F  N  E  G  L  R  J  A  T  H  M  A
```

AKVO
HUNDO
KAPRO
MANĜO
VOSTO
KOLUMO
KUNIKLO
HAMSTRO
IDO
KATIDO

KATO
LACERTO
BOVINO
PAPAGO
FIŜO
TESTUDO
MUSO
VETERINARO
PIEDOJ

96 - Cucina

```
R  S  B  F  O  R  N  O  T  F  V  E  Y  A
F  E  R  S  R  C  V  A  Z  O  K  H  I  W
R  I  C  P  U  I  U  I  L  R  U  T  N  D
N  S  X  E  F  Q  D  P  E  K  L  K  A  N
Q  S  P  C  P  I  P  U  V  O  E  A  C  K
G  T  N  O  T  T  V  M  J  J  R  L  H  U
K  C  G  J  N  B  O  V  L  O  O  D  O  V
T  A  S  O  J  G  R  I  L  O  J  R  P  O
U  S  G  K  O  W  O  K  R  U  Ĉ  O  S  E
B  U  Ŝ  T  U  K  O  N  U  C  L  N  T  E
O  H  J  I  F  R  O  S  T  U  J  O  I  C
T  R  A  N  Ĉ  I  L  O  J  I  Q  N  C  O
M  A  N  Ĝ  O  A  N  T  A  Ŭ  T  U  K  O
T  S  N  H  Ĉ  E  R  P  I  L  O  F  S  W
```

CHOPSTICKS
KALDRONO
KRUĈO
MANĜO
BOVLO
TRANĈILOJ
FROSTUJO
KULEROJ
FORKOJ
FORNO

FRIDUJO
ANTAŬTUKO
GRILO
ĈERPILO
RECEPTO
SPECOJ
SPONGO
TASOJ
BUŜTUKO
VAZO

97 - Vacanze #2

```
R O C I L R F D F F E R I O
J J S N I E G V L R O M F C
D F U S B S P N U H B T Q X
E C P U E T L M G I V T O L
S R O L R O A A H F V E Y J
T Z P O T R Ĝ R A V T N D I
I T A Q E A O O V I R D F I
N A S P M C T V E Z A U R Y
O K P D P I E O N A J M E Q
J S O N O O N J O C N A M K
G I R P Q T D A B I O D D E
H O T E L O O Ĝ W G U O U M
E G O I M A P O U B K C L I
R T R A N S P O R T A D O C
```

FLUGHAVENO
TENDUMADO
DESTINO
FOTOJ
HOTELO
INSULO
MAPO
MARO
PASPORTO
RESTORACIO

PLAĜO
FREMDULO
TAKSIO
LIBERTEMPO
TENDO
TRANSPORTADO
TRAJNO
FERIO
VOJAĜO
VIZA

98 - Attività

```
M  A  L  S  T  R  E  Ĉ  I  Ĝ  O  J  X  P
I  D  G  F  T  J  N  V  F  F  F  Ĝ  L  L
L  I  O  I  T  M  I  B  G  C  D  A  U  E
Q  E  X  Ŝ  O  A  G  I  Y  O  E  R  D  Z
J  F  G  K  K  G  M  Ĉ  A  S  A  D  O  U
C  L  Q  A  U  I  O  A  L  T  P  E  J  R
H  E  F  P  D  O  J  K  T  E  M  N  R  O
U  R  R  T  R  O  Q  T  I  N  Z  A  L  U
S  T  M  A  I  F  S  I  G  D  C  D  S  F
Y  O  E  D  M  E  N  V  A  U  F  O  B  U
F  O  T  O  A  I  F  E  N  M  A  R  T  O
D  G  I  R  X  N  K  C  T  A  D  W  H  V
V  F  O  J  P  S  C  O  A  D  Q  T  L  Y
T  Q  J  A  H  G  M  O  V  O  K  M  D  U
```

LERTO
ARTO
METIOJ
AKTIVECO
ĈASADO
TENDUMADO
CERAMIKO
KUDRI
DANCO
ALTIGANTA

FOTO
ĜARDENADO
LUDOJ
LEGADO
MAGIO
FIŜKAPTADO
PLEZURO
ENIGMOJ
MALSTREĈIĜO

99 - Forniture Artistiche

```
W  A  I  E  A  A  K  R  I  L  I  K  O  K
E  O  J  S  R  D  R  O  G  G  Y  H  F  R
L  D  C  T  G  Y  E  X  L  B  L  I  Q  A
J  D  C  A  I  A  A  W  U  O  G  D  T  J
S  T  G  B  L  K  V  S  O  O  R  E  E  O
F  E  F  L  O  V  O  J  O  N  V  O  W  N
T  I  Ĝ  O  P  A  S  T  E  L  O  J  J  O
X  B  E  O  L  R  B  A  R  I  F  T  P  J
K  A  R  B  O  E  R  B  A  N  O  O  E  E
A  K  V  O  D  L  O  L  S  K  T  O  Q  L
H  S  S  T  M  O  T  O  E  O  I  E  X  G
B  R  O  S  O  J  D  S  R  C  L  Q  T  K
Y  S  Y  L  R  I  Z  V  R  H  O  K  L  Z
M  R  W  Y  P  A  P  E  R  O  F  W  S  F
```

AKVO	ERASER
AKVARELOJ	IDEOJ
AKRILIKO	INKO
ARGILO	KRAJONOJ
KARBO	OLEO
PAPERO	PASTELOJ
ESTABLO	SEĜO
GLUO	BROSOJ
KOLOROJ	TABLO
KREAVO	FOTILO

100 - Misurazioni

```
D W L Q U D T Y P E Z O G J
J E F K N V U N R S I V L T
N V C F C F N L O N G O I V
A W O I O G O N F P C L T C
G Q L W M R K O U B E U R U
K H O L B A U M N B N M O P
I I R T Y D L L D E T O G S
L G L B W O G A O Z I U J D
O B F O Q O D I C S M P R C
G A O B M I N U T O E R M L
R J L K U E S X U W T T A A
A T K T I N T M E T R O S R
M O T W O F G R A M O A O Ĝ
O C Q D J D Y R O T B T K O
```

ALTO	LONGO
BAJTO	MASO
CENTIMETRO	METRO
KILOGRAMO	MINUTO
KILOMETRO	UNCO
DECIMALA	PEZO
GRADO	COLO
GRAMO	PROFUNDO
LARĜO	TUNO
LITRO	VOLUMO

1 - Scacchi

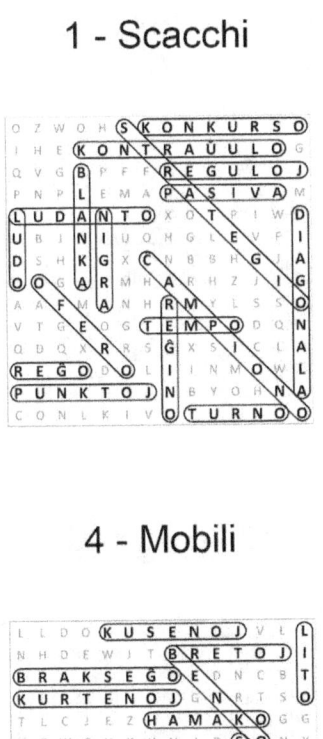

2 - Strumenti

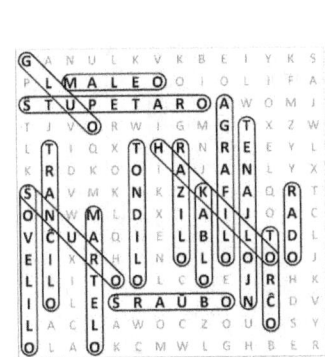

3 - Aggettivi #2

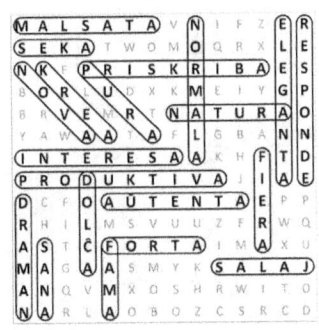

4 - Mobili

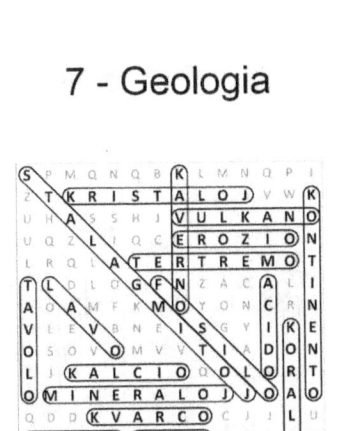

5 - Pesca

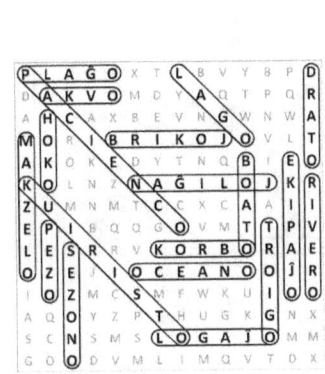

6 - Aggettivi #1

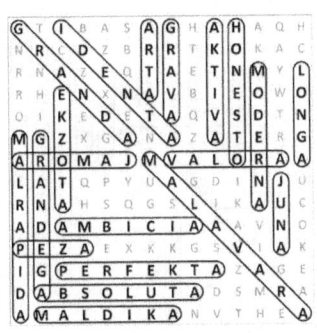

7 - Geologia

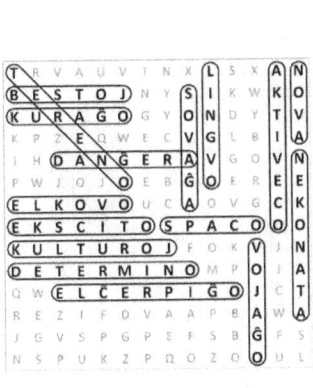

8 - Campeggio

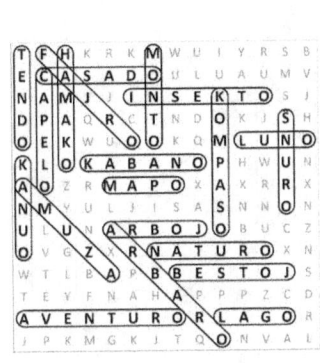

9 - Arti Visive

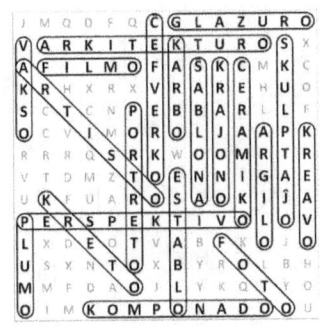

10 - Esplorazione

11 - Tempo

12 - Astronomia

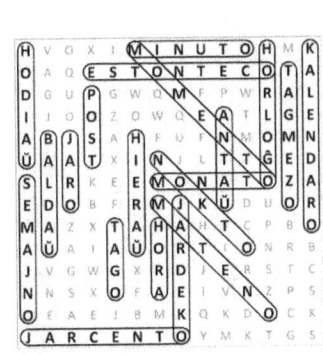
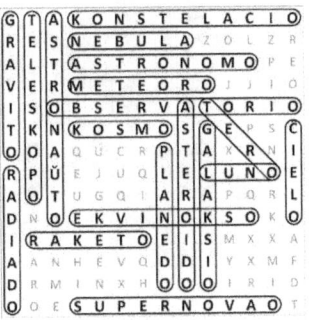

13 - Circo

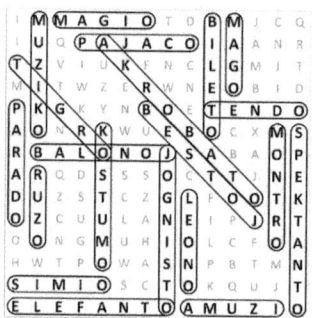

14 - Mitologia

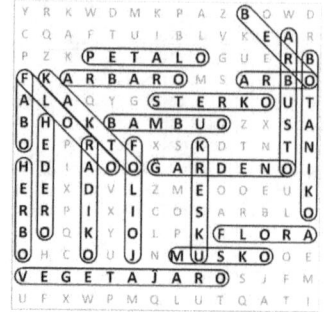

15 - Piante

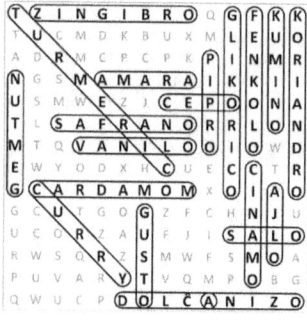

16 - Spezie

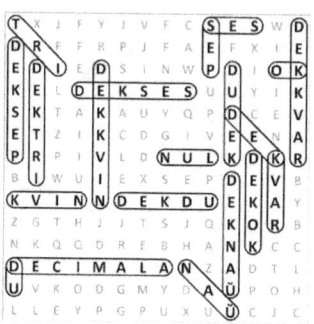

17 - Numeri

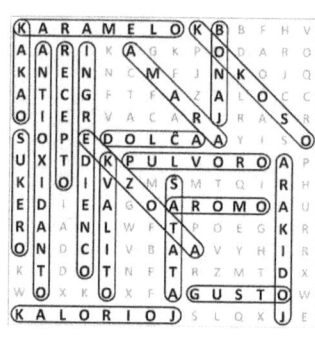

18 - Cioccolato

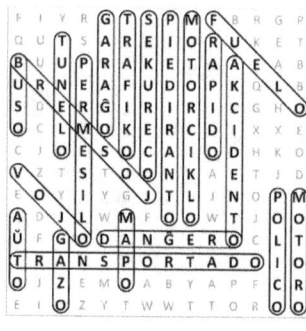

19 - Guida

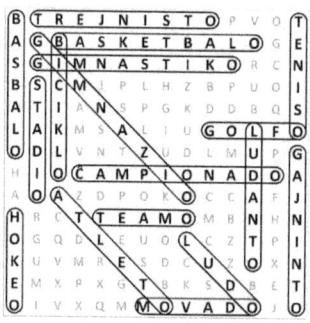

20 - Sport

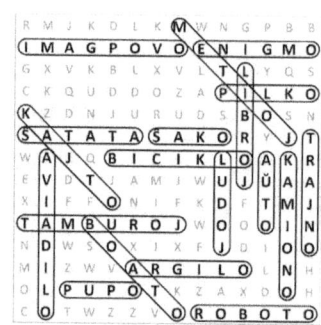

21 - Giocattoli

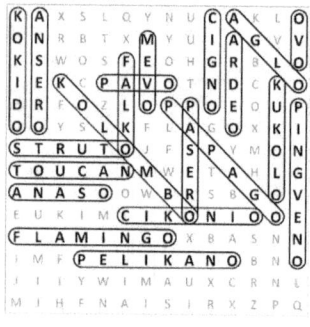

22 - Uccelli

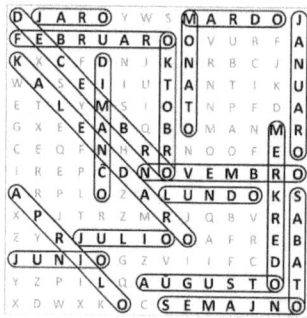

23 - Giorni e Mesi

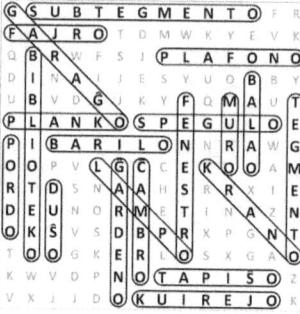

24 - Casa

25 - Ristorante #1

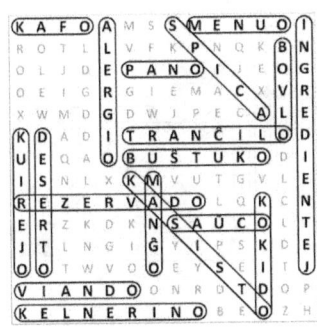

26 - Fantascienza

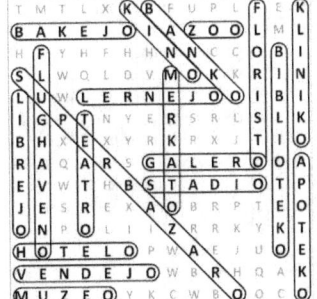

27 - Città

28 - Virtù #1

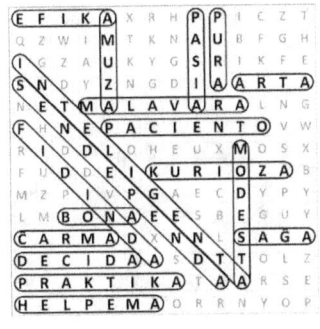

29 - Compleanno

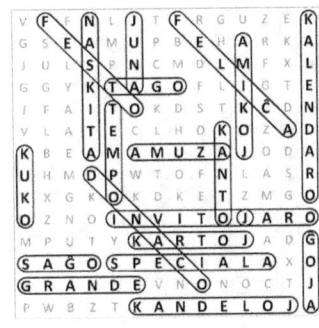

30 - Fattoria #1

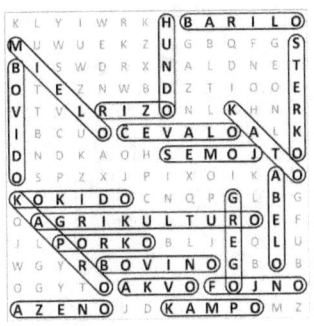

31 - Paesaggi

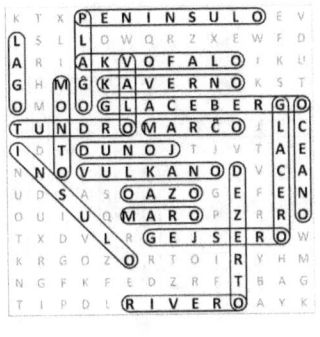

32 - Ristorante #2

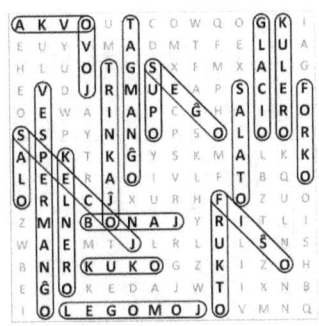

33 - Giardino

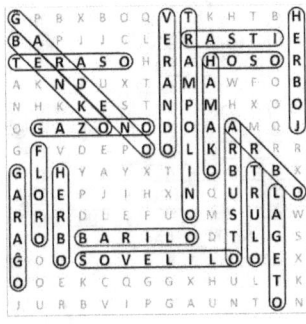

34 - Frutta

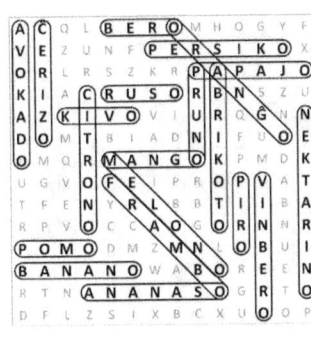

35 - Fattoria #2

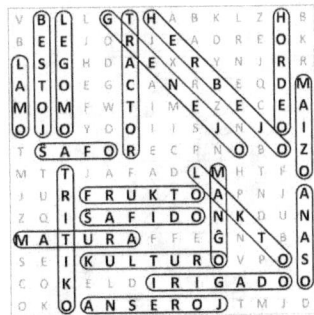

36 - Dinosauri

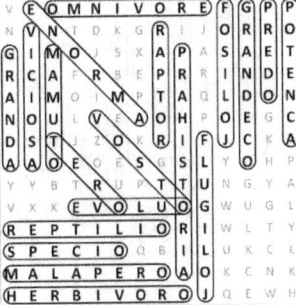

37 - Verdure

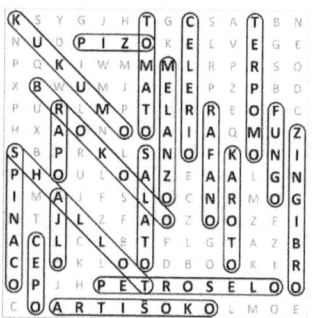

38 - Scuola #2

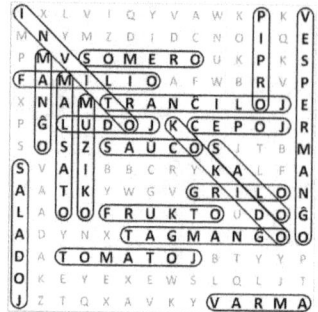

39 - Barbecue

40 - Riempire

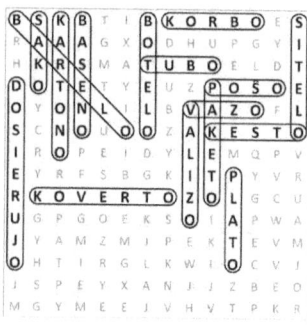

41 - Insetti

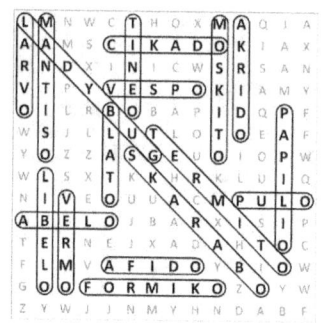

42 - Erboristeria

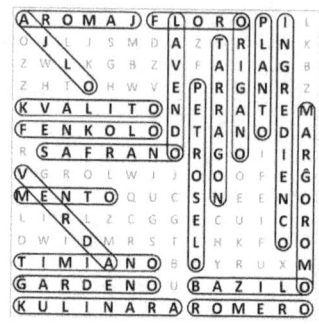

43 - Danza

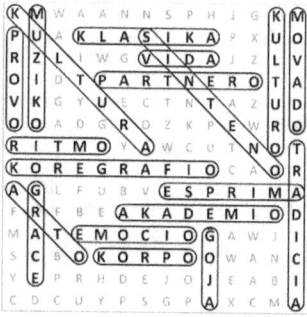

44 - Scuola #1

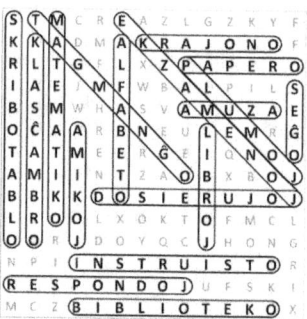

45 - Fiori

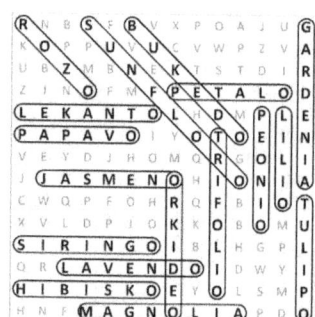

46 - Ecologia

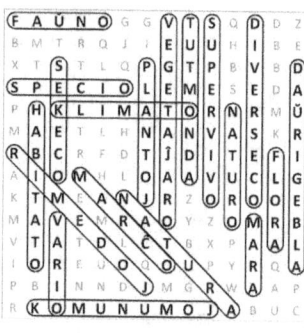

47 - Discipline Scientifiche

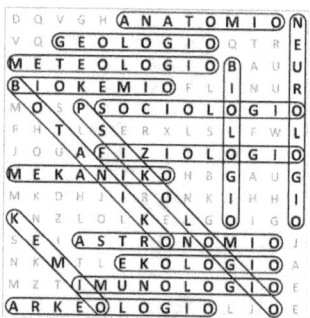

48 - Scienza

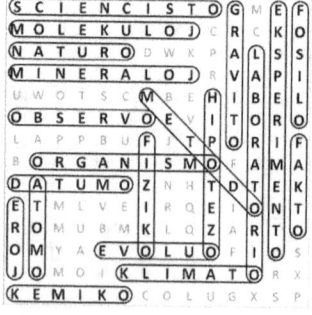

49 - Acqua

50 - Gatti

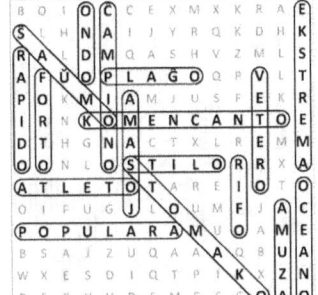

51 - Surf

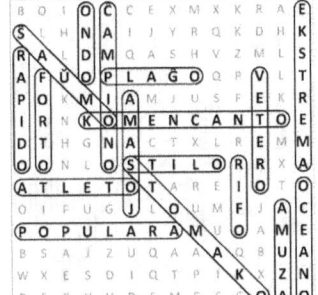

52 - Imbarcazioni

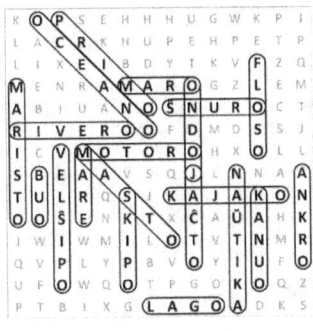

53 - Api

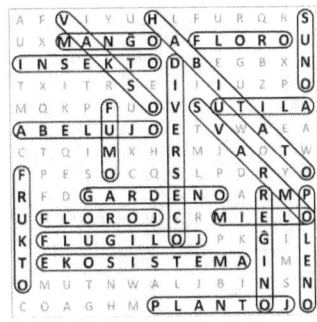

54 - Conservazione

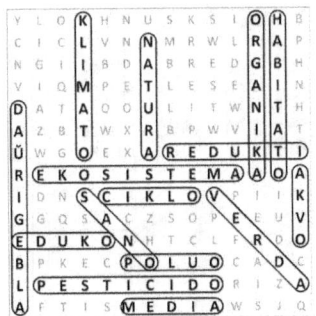

55 - Strumenti Musicali

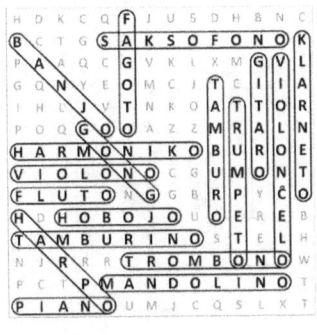

56 - Professioni #2

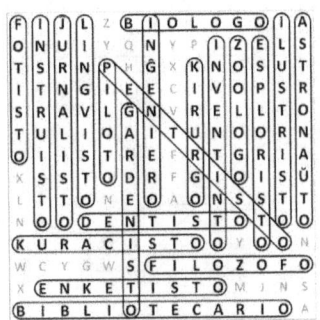

57 - Letteratura

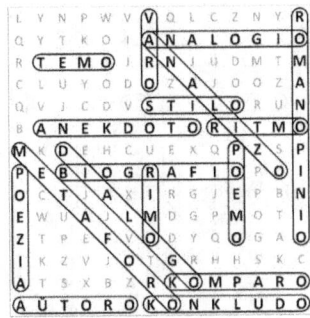

58 - Cibo #2

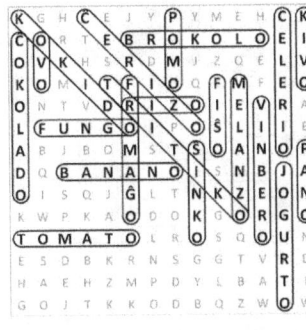

59 - Nutrizione

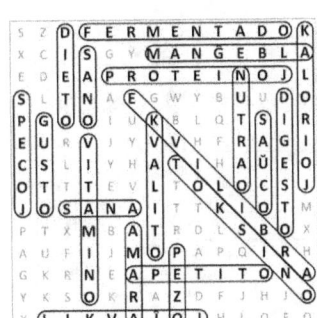

60 - Matematica

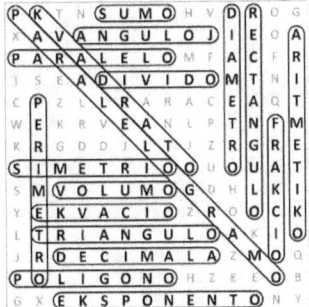

61 - Vacanza #1

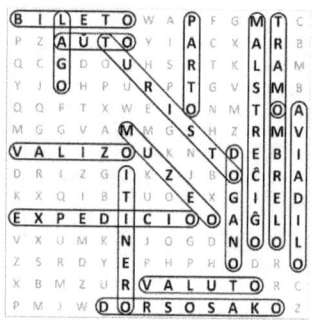

62 - Meditazione

63 - Estate

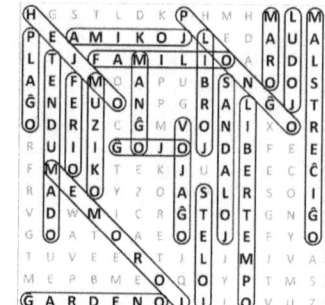

64 - Escursionismo

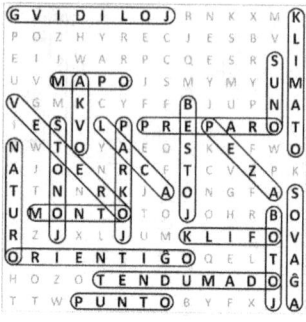

65 - Professioni #1

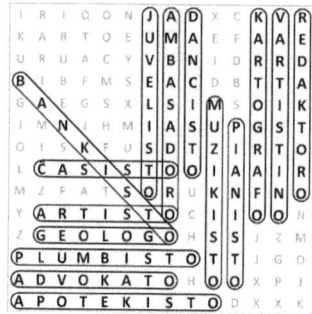

66 - Antartide

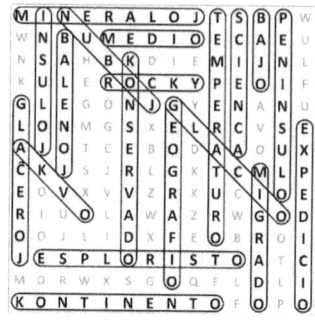

67 - Libri

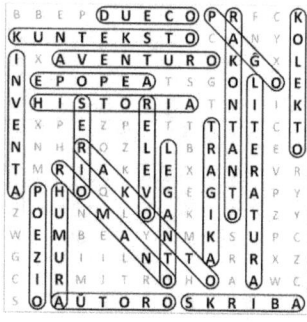

68 - Geografia

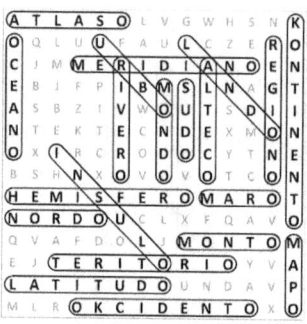

69 - Cibo #1

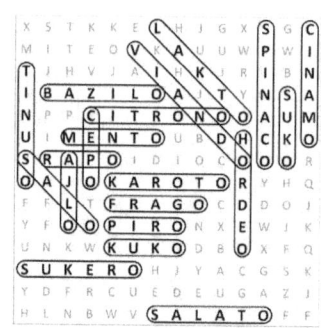

70 - Aeroplani

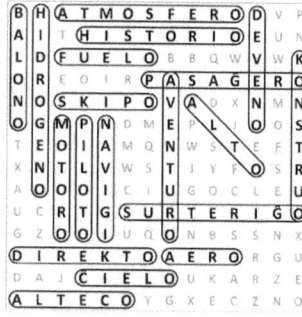

71 - Pirati

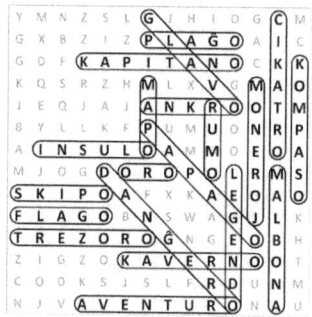

72 - Colori

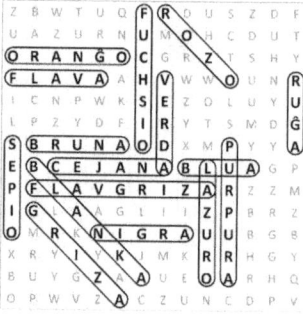

73 - Spiaggia

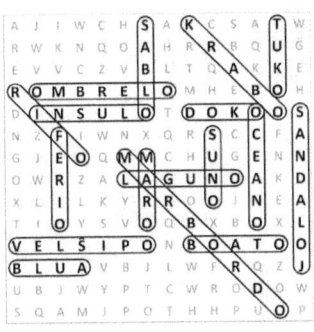

74 - Avventura

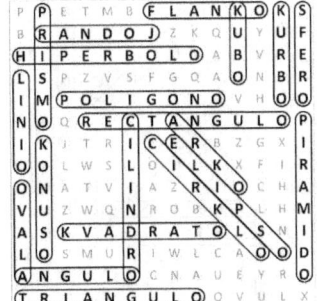

75 - Forme

76 - Oceano

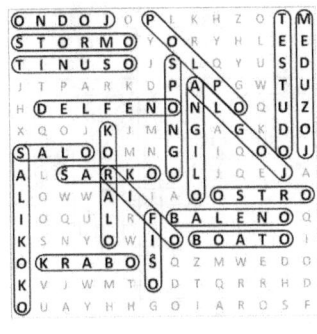

77 - Famiglia

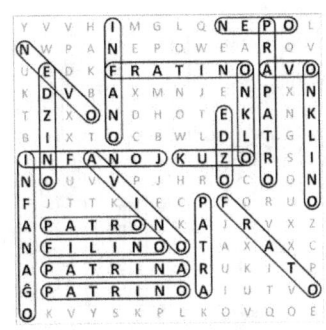

78 - Veicoli

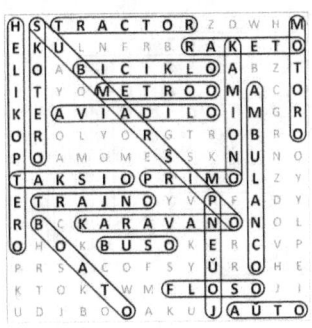

79 - Natura

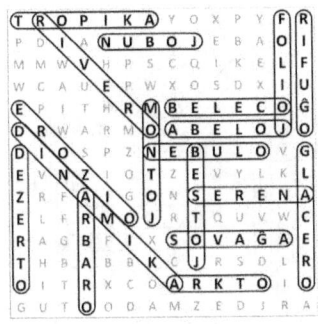

80 - Balletto

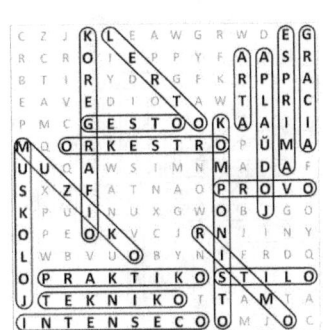

81 - Castelli

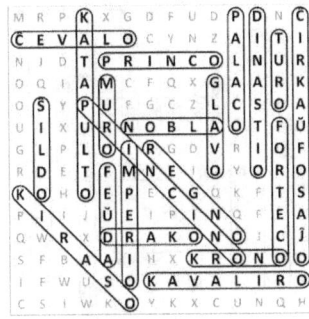

82 - Campionato

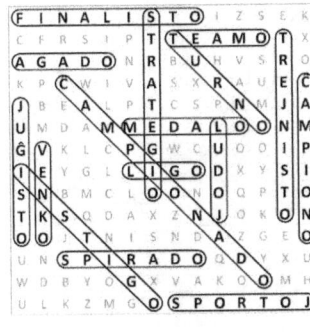

83 - Foresta Pluviale

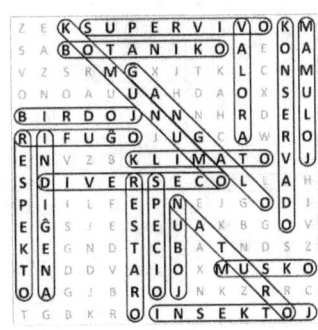

84 - Edifici

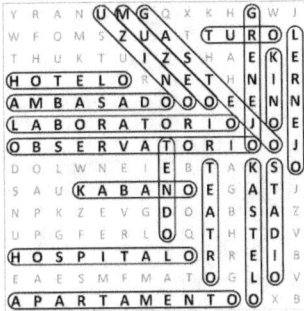

85 - Paesi #2

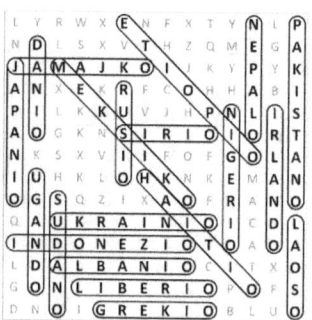

86 - Tipi di Capelli

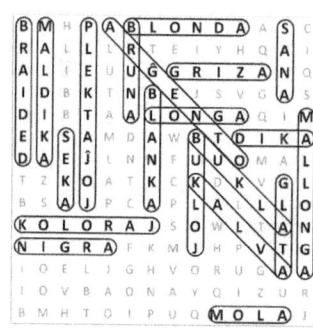

87 - Vestiti

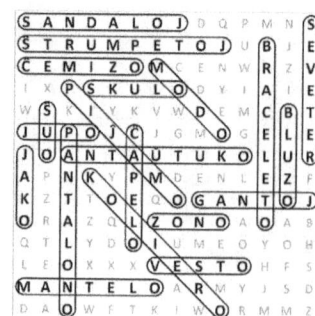

88 - Attività e Tempo Libero

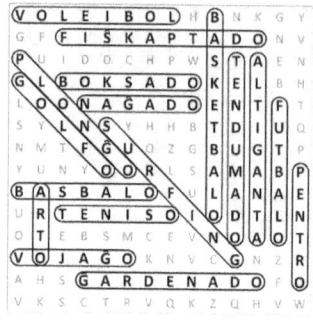

89 - Tecnologia

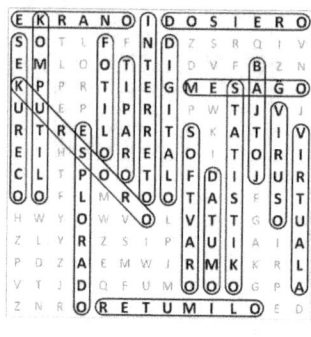

90 - Arte

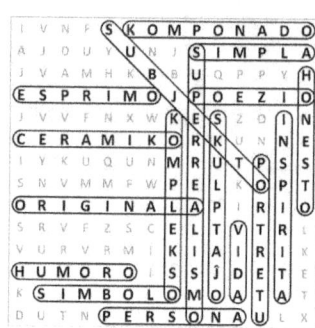

91 - Meteo

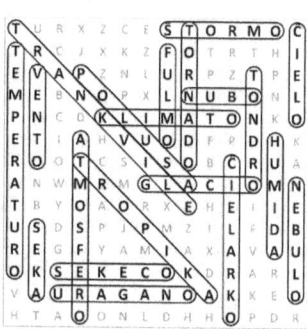

92 - Corpo Umano

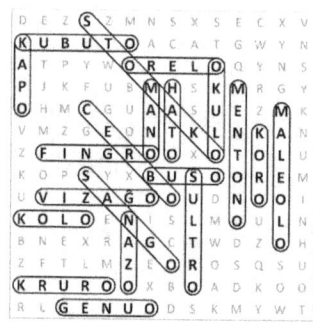

93 - Mammiferi

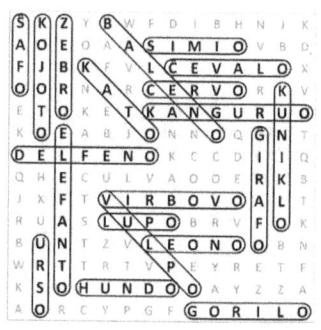

94 - Arrampicata

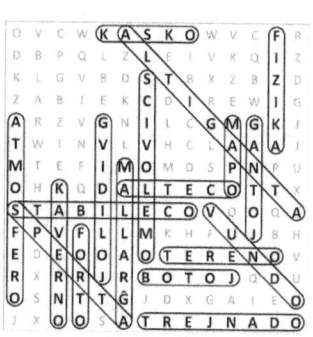

95 - Animali Domestici

96 - Cucina

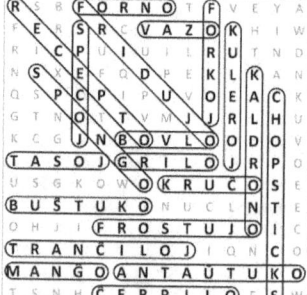

97 - Vacanze #2

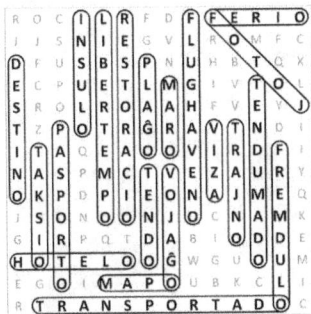

98 - Attività

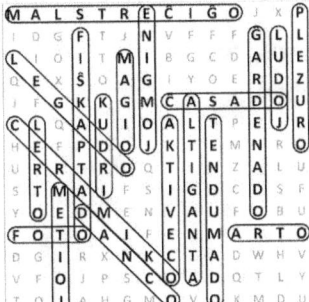

99 - Forniture Artistiche

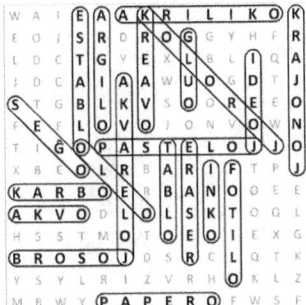

100 - Misurazioni

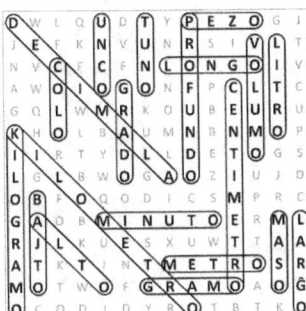

Dizionario

Acqua
Akvo

Alluvione	Inundo
Canale	Kanalo
Doccia	Duŝo
Evaporazione	Vaporiĝo
Fiume	Rivero
Gelo	Frosto
Geyser	Gejsero
Ghiaccio	Glacio
Irrigazione	Irigado
Lago	Lago
Neve	Neĝo
Oceano	Oceano
Onde	Ondoj
Pioggia	Pluvo
Potabile	Trinkeble
Umidità	Humido
Uragano	Uragano
Vapore	Vaporo

Aeroplani
Aviadiloj

Altezza	Alto
Altitudine	Alteco
Aria	Aero
Atmosfera	Atmosfero
Atterraggio	Surteriĝo
Avventura	Aventuro
Carburante	Fuelo
Cielo	Ĉielo
Costruzione	Konstruo
Direzione	Direkto
Discesa	Deveno
Equipaggio	Skipo
Idrogeno	Hidrogeno
Motore	Motoro
Navigare	Navigi
Palloncino	Balono
Passeggero	Pasaĝero
Pilota	Piloto
Storia	Historio
Turbolenza	Turbuleco

Aggettivi #1
Adjektivoj #1

Ambizioso	Ambicia
Aromatico	Aromaj
Artistico	Arta
Assoluto	Absoluta
Attivo	Aktiva
Enorme	Grandega
Esotico	Ekzota
Generoso	Malavara
Giovane	Juna
Grande	Granda
Identico	Identa
Importante	Grava
Lento	Malrapida
Lungo	Longa
Moderno	Moderna
Onesto	Honesto
Perfetto	Perfekta
Pesante	Peza
Prezioso	Valora
Sottile	Maldika

Aggettivi #2
Adjektivoj #2

Affamato	Malsata
Asciutto	Seka
Autentico	Aŭtenta
Creativo	Krea
Descrittivo	Priskriba
Dolce	Dolĉa
Drammatico	Draman
Elegante	Eleganta
Famoso	Fama
Forte	Forta
Interessante	Interesa
Naturale	Natura
Normale	Normala
Nuovo	Nova
Orgoglioso	Fiera
Produttivo	Produktiva
Puro	Pura
Responsabile	Responde
Salato	Salaj
Sano	Sana

Animali Domestici
Dorlotbestoj

Acqua	Akvo
Cane	Hundo
Capra	Kapro
Cibo	Manĝo
Coda	Vosto
Collare	Kolumo
Coniglio	Kuniklo
Criceto	Hamstro
Cucciolo	Ido
Gattino	Katido
Gatto	Kato
Lucertola	Lacerto
Mucca	Bovino
Pappagallo	Papago
Pesce	Fiŝo
Tartaruga	Testudo
Topo	Muso
Veterinario	Veterinaro
Zampe	Piedoj

Antartide
Antarkto

Acqua	Akvo
Ambiente	Medio
Baia	Bajo
Balene	Balenoj
Conservazione	Konservado
Continente	Kontinento
Geografia	Geografio
Ghiacciai	Glaĉeroj
Ghiaccio	Glacio
Isole	Insuloj
Migrazione	Migrado
Minerali	Mineraloj
Nuvole	Nuboj
Penisola	Peninsulo
Ricercatore	Esploristo
Roccioso	Rocky
Scientifico	Scienca
Spedizione	Expedicio
Temperatura	Temperaturo
Topografia	Topografio

Api
Abeloj

Ali	Flugiloj
Alveare	Abelujo
Benefico	Utila
Cera	Vakso
Cibo	Manĝo
Diversità	Diverseco
Ecosistema	Ekosistema
Fiori	Floroj
Fiorire	Floro
Frutta	Frukto
Fumo	Fumo
Giardino	Ĝardeno
Habitat	Habitato
Insetto	Insekto
Miele	Mielo
Piante	Plantoj
Polline	Poleno
Regina	Reĝino
Sciame	Svarmo
Sole	Suno

Arrampicata
Grimpado

Altitudine	Alteco
Atmosfera	Atmosfero
Casco	Kasko
Curiosità	Scivolemo
Escursioni	Altiganta
Esperto	Sperta
Fisico	Fizika
Formazione	Trejnado
Forza	Forto
Grotta	Kaverno
Guanti	Gantoj
Guide	Gvidiloj
Lesione	Vundo
Mappa	Mapo
Stabilità	Stabileco
Stivali	Botoj
Stretto	Mallarĝa
Terreno	Tereno

Arte
Arto

Ceramica	Ceramiko
Complesso	Komplekso
Composizione	Komponado
Dipinti	Pentraĵoj
Espressione	Esprimo
Ispirato	Inspirita
Onesto	Honesto
Originale	Originala
Personale	Persona
Poesia	Poezio
Ritrarre	Portretu
Scultura	Skulptaĵo
Semplice	Simpla
Simbolo	Simbolo
Soggetto	Subjekto
Surrealismo	Superrealismo
Umore	Humoro
Visivo	Vida

Arti Visive
Vidaj Artoj

Architettura	Arkitekturo
Argilla	Argilo
Artista	Artisto
Capolavoro	Ĉefverko
Carbone	Karbo
Cavalletto	Establo
Cera	Vakso
Ceramica	Ceramiko
Composizione	Komponado
Creatività	Kreavo
Film	Filmo
Fotografia	Foto
Gesso	Kreto
Matita	Krajono
Penna	Plumo
Prospettiva	Perspektivo
Ritratto	Portreto
Scultura	Skulptaĵo
Stampino	Ŝablona
Vernice	Glazuro

Astronomia
Astronomio

Asteroide	Asteroido
Astronauta	Astronaŭto
Astronomo	Astronomo
Cielo	Ĉielo
Cosmo	Kosmo
Costellazione	Konstelacio
Equinozio	Ekvinokso
Galassia	Galaksio
Gravità	Gravito
Luna	Luno
Meteora	Meteoro
Nebulosa	Nebula
Osservatorio	Observatorio
Pianeta	Planedo
Radiazione	Radiado
Razzo	Raketo
Supernova	Supernovao
Telescopio	Teleskopo
Terra	Tero
Universo	Universo

Attività
Agadoj

Abilità	Lerto
Arte	Arto
Artigianato	Metioj
Attività	Aktiveco
Caccia	Ĉasado
Campeggio	Tendumado
Ceramica	Ceramiko
Cucire	Kudri
Danza	Danco
Escursioni	Altiganta
Fotografia	Foto
Giardinaggio	Ĝardenado
Giochi	Ludoj
Lettura	Legado
Magia	Magio
Pesca	Fiŝkaptado
Piacere	Plezuro
Puzzle	Enigmoj
Rilassamento	Malstreĉiĝo
Tempo Libero	Libertempo

Attività e Tempo Libero
Agadoj kaj Libertempo

Arte	Arto
Baseball	Basbalo
Basket	Basketbalo
Boxe	Boksado
Calcio	Futbalo
Campeggio	Tendumado
Escursioni	Altiganta
Giardinaggio	Ĝardenado
Golf	Golfo
Immersione	Plonĝo
Nuoto	Naĝado
Pallavolo	Voleibol
Pesca	Fiŝkaptado
Pittura	Pentro
Surf	Surfing
Tennis	Teniso
Viaggio	Vojaĝo

Avventura
Aventuro

Amici	Amikoj
Attività	Aktiveco
Bellezza	Beleco
Caso	Ŝanco
Coraggio	Bravo
Destinazione	Destino
Difficoltà	Dificulto
Entusiasmo	Entuziasmo
Escursione	Ekskurso
Gioia	Ĝojo
Insolito	Nekutima
Itinerario	Itinero
Natura	Naturo
Navigazione	Navigado
Nuovo	Nova
Pericoloso	Danĝera
Preparazione	Preparo
Sicurezza	Sekureco
Viaggi	Vojaĝoj

Balletto
Baleto

Abilità	Lerto
Applauso	Aplaŭdoj
Artistico	Arta
Ballerini	Dancistoj
Compositore	Komponisto
Coreografia	Koregrafio
Espressivo	Esprima
Gesto	Gesto
Grazioso	Gracia
Intensità	Intenseco
Muscoli	Muskoloj
Musica	Muziko
Orchestra	Orkestro
Pratica	Praktiko
Prova	Provo
Pubblico	Spektantaro
Ritmo	Ritmo
Stile	Stilo
Tecnica	Tekniko

Barbecue
Rostokradoj

Caldo	Varma
Cena	Vespermanĝo
Cibo	Manĝo
Cipolle	Cepoj
Coltelli	Trançiloj
Estate	Somero
Fame	Malsato
Famiglia	Familio
Frutta	Frukto
Giochi	Ludoj
Griglia	Grilo
Insalate	Saladoj
Invito	Invito
Musica	Muziko
Pepe	Pipro
Pollo	Kokido
Pomodori	Tomatoj
Pranzo	Tagmanĝo
Sale	Salo
Salsa	Saŭco

Campeggio
Tendumado

Alberi	Arboj
Amaca	Hamako
Animali	Bestoj
Avventura	Aventuro
Bussola	Kompaso
Cabina	Kabano
Caccia	Ĉasado
Canoa	Kanuo
Cappello	Ĉapelo
Corda	Ŝnuro
Divertimento	Amuza
Foresta	Arbaro
Fuoco	Fajro
Insetto	Insekto
Lago	Lago
Luna	Luno
Mappa	Mapo
Montagna	Monto
Natura	Naturo
Tenda	Tendo

Campionato
Ĉampioneco

Allenatore	Trejnisto
Campionato	Ĉampionado
Campione	Ĉampiono
Finalista	Finalisto
Giochi	Ludoj
Giudice	Juĝisto
Lega	Ligo
Medaglia	Medalo
Motivazione	Instigo
Prestazione	Agado
Sportivo	Sportoj
Squadra	Teamo
Strategia	Strategio
Sudore	Spirado
Torneo	Turno
Vittoria	Venko

Casa
Domo

Attico	Subtegmento
Biblioteca	Biblioteko
Camera	Ĉambro
Camino	Fajro
Cucina	Kuirejo
Doccia	Duŝo
Finestra	Fenestro
Garage	Garaĝo
Giardino	Ĝardeno
Lampada	Lampo
Parete	Muro
Pavimento	Planko
Porta	Pordo
Recinto	Barilo
Rubinetto	Krano
Scopa	Balao
Soffitto	Plafono
Specchio	Spegulo
Tappeto	Tapiŝo
Tetto	Tegmento

Castelli
Kasteloj

Armatura	Kiraso
Catapulta	Katapulto
Cavaliere	Kavaliro
Cavallo	Ĉevalo
Corona	Krono
Dinastia	Dinastio
Drago	Drako
Feudale	Feŭda
Fortezza	Forteco
Fossato	Ĉirkaŭfosaĵo
Impero	Imperio
Nobile	Nobla
Palazzo	Palaco
Parete	Muro
Principe	Princo
Principessa	Princino
Regno	Regno
Scudo	Ŝildo
Spada	Glavo
Torre	Turo

Cibo #1
Manĝaĵo Numero 1

Aglio	Ajlo
Basilico	Bazilo
Cannella	Cinamo
Carne	Viando
Carota	Karoto
Cipolla	Cepo
Fragola	Frago
Insalata	Salato
Latte	Lakto
Limone	Citrono
Menta	Mento
Orzo	Hordeo
Pera	Piro
Rapa	Rapo
Sale	Salo
Spinaci	Spinaco
Succo	Suko
Tonno	Tinuso
Torta	Kuko
Zucchero	Sukero

Cibo #2
Manĝaĵo #2

Banana	Banano
Broccolo	Brokolo
Ciliegia	Ĉerizo
Cioccolato	Ĉokolado
Formaggio	Fromaĝo
Fungo	Fungo
Grano	Tritiko
Kiwi	Kivo
Mela	Pomo
Melanzana	Melanzo
Pane	Pano
Pesce	Fiŝo
Pollo	Kokido
Pomodoro	Tomato
Prosciutto	Ŝinko
Riso	Rizo
Sedano	Celerio
Uovo	Ovo
Uva	Vinbero
Yogurt	Jogurto

Cioccolato
Ĉokolado

Amaro	Amara
Antiossidante	Antioxidanto
Arachidi	Arakidoj
Aroma	Aromo
Cacao	Kakao
Calorie	Kalorioj
Caramello	Karamelo
Delizioso	Bonaj
Dolce	Dolĉa
Esotico	Ekzota
Gusto	Gusto
Ingrediente	Ingredienco
Noce di Cocco	Kokoso
Polvere	Pulvoro
Preferito	Ŝatata
Qualità	Kvalito
Ricetta	Recepto
Zucchero	Sukero

Circo
Cirko

Acrobata	Akrobato
Animali	Bestoj
Biglietto	Bileto
Clown	Pajaco
Costume	Kostumo
Elefante	Elefanto
Giocoliere	Jonglisto
Intrattenere	Amuzi
Leone	Leono
Magia	Magio
Mago	Mago
Mostrare	Montro
Musica	Muziko
Palloncini	Balonoj
Parata	Parado
Scimmia	Simio
Spettatore	Spektanto
Tenda	Tendo
Tigre	Tigro
Trucco	Ruzo

Città
Urbo

Aeroporto	Flughaveno
Banca	Banko
Biblioteca	Biblioteko
Cinema	Kino
Clinica	Kliniko
Farmacia	Apoteko
Fiorista	Floristo
Galleria	Galero
Hotel	Hotelo
Libreria	Librejo
Mercato	Merkato
Museo	Muzeo
Negozio	Vendejo
Panetteria	Bakejo
Scuola	Lernejo
Stadio	Stadio
Supermercato	Superbazaro
Teatro	Teatro
Università	Universitato
Zoo	Zoo

Colori
Koloroj

Arancia	Oranĝo
Azzurro	Lazuro
Beige	Flavgriza
Bianco	Blanka
Blu	Blua
Ciano	Cejana
Fucsia	Fuchsio
Giallo	Flava
Grigio	Griza
Marrone	Bruna
Nero	Nigra
Rosa	Rozo
Rosso	Ruĝa
Seppia	Sepio
Verde	Verda
Viola	Purpura

Compleanno
Naskiĝtago

Amici	Amikoj
Anno	Jaro
Calendario	Kalendaro
Candele	Kandeloj
Canzone	Kanto
Carte	Kartoj
Celebrazione	Festo
Divertimento	Amuza
Felice	Feliĉa
Gioioso	Ĝoja
Giorno	Tago
Giovane	Juna
Grande	Grande
Inviti	Invitoj
Nato	Naskita
Regalo	Donaco
Saggezza	Saĝo
Speciale	Speciala
Tempo	Tempo
Torta	Kuko

Conservazione
Konservado

Acqua	Akvo
Ambientale	Media
Ciclo	Ciklo
Clima	Klimato
Ecosistema	Ekosistema
Educazione	Eduko
Habitat	Habitato
Inquinamento	Poluo
Naturale	Natura
Organico	Organika
Pesticida	Pesticido
Ridurre	Redukti
Salute	Sano
Sostenibile	Daŭrigebla
Verde	Verda
Volontario	Volontulo

Corpo Umano
Homa Korpo

Bocca	Buŝo
Caviglia	Maleolo
Cervello	Cerbo
Collo	Kolo
Cuore	Koro
Dito	Fingro
Faccia	Vizaĝo
Gamba	Kruro
Ginocchio	Genuo
Gomito	Kubuto
Mano	Mano
Mento	Mentono
Naso	Nazo
Occhio	Okulo
Orecchio	Orelo
Pelle	# ha? To
Sangue	Sango
Spalla	Ŝultro
Stomaco	Stomako
Testa	Kapo

Cucina
Kuirejo

Bacchette	Chopsticks
Bollitore	Kaldrono
Brocca	Kruĉo
Cibo	Manĝo
Ciotola	Bovlo
Coltelli	Tranĉiloj
Congelatore	Frostujo
Cucchiai	Kuleroj
Forchette	Forkoj
Forno	Forno
Frigorifero	Fridujo
Grembiule	Antaŭtuko
Griglia	Grilo
Mestolo	Ĉerpilo
Ricetta	Recepto
Spezie	Specoj
Spugna	Spongo
Tazze	Tasoj
Tovagliolo	Buŝtuko
Vaso	Vazo

Danza
Danco

Accademia	Akademio
Arte	Arto
Classico	Klasika
Compagno	Partnero
Coreografia	Koregrafio
Corpo	Korpo
Cultura	Kulturo
Culturale	Kultura
Emozione	Emocio
Espressivo	Esprima
Gioioso	Ĝoja
Grazia	Grace
Movimento	Movado
Musica	Muziko
Postura	Sinteno
Prova	Provo
Ritmo	Ritmo
Tradizionale	Tradicia
Visivo	Vida

Dinosauri
Dinosaŭroj

Ali	Flugiloj
Coda	Vosto
Enorme	Enorma
Erbivoro	Herbivoro
Evoluzione	Evoluo
Fossili	Fosiloj
Grande	Granda
Mammut	Mamuto
Onnivoro	Omnivore
Potente	Potenca
Preda	Predo
Preistorico	Prahistoria
Rapace	Raptor
Rettile	Reptilio
Scomparsa	Malapero
Specie	Specio
Taglia	Grandeco
Terra	Tero
Vizioso	Viciosa

Discipline Scientifiche
Sciencaj Disciplinoj

Anatomia	Anatomio
Archeologia	Arkeologio
Astronomia	Astronomio
Biochimica	Biokemio
Biologia	Biologio
Botanica	Botaniko
Chimica	Kemio
Ecologia	Ekologio
Fisiologia	Fiziologio
Geologia	Geologio
Immunologia	Imunologio
Linguistica	Lingvistiko
Meccanica	Mekaniko
Meteorologia	Meteologio
Mineralogia	Mineralogio
Neurologia	Neurologio
Psicologia	Psikologio
Sociologia	Sociologio
Termodinamica	Termodinamiko
Zoologia	Zoologio

Ecologia
Ekologio

Clima	Klimato
Comunità	Komunumoj
Diversità	Diverseco
Fauna	Faŭno
Flora	Flora
Globale	Tutmonda
Habitat	Habitato
Marino	Mara
Natura	Naturo
Naturale	Natura
Palude	Marĉo
Piante	Plantoj
Risorse	Rimedoj
Siccità	Sekeco
Sopravvivenza	Supervivo
Sostenibile	Daŭrigebla
Specie	Specio
Varietà	Vario
Vegetazione	Vegetaĵaro
Volontari	Volontuloj

Edifici
Konstruaĵoj

Ambasciata	Ambasado
Appartamento	Apartamento
Cabina	Kabano
Castello	Kastelo
Cinema	Kino
Fabbrica	Uzino
Fienile	Grenejo
Hotel	Hotelo
Laboratorio	Laboratorio
Museo	Muzeo
Ospedale	Hospitalo
Osservatorio	Observatorio
Ostello	Gastejo
Scuola	Lernejo
Stadio	Stadio
Supermercato	Superbazaro
Teatro	Teatro
Tenda	Tendo
Torre	Turo
Università	Universitato

Erboristeria
Herbalism

Aglio	Ajlo
Aromatico	Aromaj
Basilico	Bazilo
Culinario	Kulinara
Dragoncello	Tarragon
Finocchio	Fenkolo
Fiore	Floro
Giardino	Ĝardeno
Ingrediente	Ingredienco
Lavanda	Lavendo
Maggiorana	Marĝoromo
Menta	Mento
Origano	Origano
Pianta	Planto
Prezzemolo	Petroselo
Qualità	Kvalito
Rosmarino	Romero
Timo	Timiano
Verde	Verda
Zafferano	Safrano

Escursionismo
Altiganta

Acqua	Akvo
Animali	Bestoj
Campeggio	Tendumado
Clima	Klimato
Guide	Gvidiloj
Mappa	Mapo
Meteo	Vetero
Montagna	Monto
Natura	Naturo
Orientamento	Orientiĝo
Parchi	Parkoj
Pesante	Peza
Pietre	Ŝtonoj
Preparazione	Preparo
Scogliera	Klifo
Selvaggio	Sovaĝa
Sole	Suno
Stanco	Laca
Stivali	Botoj
Vertice	Punto

Esplorazione
Esplorado

Animali	Bestoj
Attività	Aktiveco
Coraggio	Kuraĝo
Culture	Kulturoj
Determinazione	Determino
Eccitazione	Ekscito
Esaurimento	Elĉerpiĝo
Lingua	Lingvo
Nuovo	Nova
Pericoloso	Danĝera
Sconosciuto	Nekonata
Scoperta	Elkovo
Selvaggio	Sovaĝa
Spazio	Spaco
Terreno	Tereno
Viaggio	Vojaĝo

Estate
Somero

Amici	Amikoj
Campeggio	Tendumado
Casa	Hejmo
Cibo	Manĝo
Famiglia	Familio
Giardino	Ĝardeno
Giochi	Ludoj
Gioia	Ĝojo
Immersione	Plonĝo
Libri	Libroj
Mare	Maro
Musica	Muziko
Ricordi	Memoroj
Rilassamento	Malstreĉiĝo
Sandali	Sandaloj
Spiaggia	Plaĝo
Stelle	Steloj
Tempo Libero	Libertempo
Vacanza	Ferio
Viaggio	Vojaĝo

Famiglia
Familio

Antenato	Prapatro
Bambini	Infanoj
Bambino	Infano
Cugino	Kuzo
Figlia	Filino
Fratello	Frato
Infanzia	Infanaĝo
Madre	Patrino
Marito	Edzo
Materno	Patrina
Moglie	Edzino
Nipote	Nevo
Nipote	Nepo
Nonna	Avino
Nonno	Avo
Padre	Patro
Paterno	Patra
Sorella	Fratino
Zia	Onklino
Zio	Onklo

Fantascienza
Sciencfikcio

Atomico	Atoma
Cinema	Kino
Distopia	Distopio
Esplosione	Eksplodo
Estremo	Ekstrema
Fantastico	Miranda
Fuoco	Fajro
Futuristico	Futurista
Galassia	Galaksio
Illusione	Iluzio
Immaginario	Imaga
Libri	Libroj
Misterioso	Mistera
Mondo	Mondo
Oracolo	Orakolo
Pianeta	Planedo
Realistico	Realismo
Robot	Robotoj
Tecnologia	Teknologio
Utopia	Utopio

Fattoria #1
Bieno #1

Acqua	Akvo
Agricoltura	Agrikulturo
Ape	Abelo
Asino	Azeno
Campo	Kampo
Cane	Hundo
Capra	Kapro
Cavallo	Ĉevalo
Fertilizzante	Sterko
Fieno	Fojno
Gatto	Kato
Gregge	Grego
Maiale	Porko
Miele	Mielo
Mucca	Bovino
Pollo	Kokido
Recinto	Barilo
Riso	Rizo
Semi	Semoj
Vitello	Bovido

Fattoria #2
Bieno #2

Agnello	Ŝafido
Agricoltore	Kulturo
Anatra	Anaso
Animali	Bestoj
Cibo	Manĝo
Fienile	Grenejo
Frutta	Frukto
Grano	Tritiko
Irrigazione	Irigado
Lama	Lamo
Latte	Lakto
Mais	Maizo
Maturo	Matura
Oche	Anseroj
Orzo	Hordeo
Pecora	Ŝafo
Prato	Herbejo
Trattore	Tractor
Verdura	Legomo

Fiori
Floroj

Gardenia	Gardenia
Gelsomino	Jasmeno
Giglio	Lilio
Girasole	Sunfloro
Ibisco	Hibisko
Lavanda	Lavendo
Lilla	Siringo
Magnolia	Magnolia
Margherita	Lekanto
Mazzo	Bukedo
Orchidea	Orkideo
Papavero	Papavo
Peonia	Peonio
Petalo	Petalo
Rosa	Rozo
Trifoglio	Trifolio
Tulipano	Tulipo

Foresta Pluviale
Pluvarbaro

Anfibi	Amfibioj
Botanico	Botaniko
Clima	Klimato
Comunità	Komunumo
Diversità	Diverseco
Giungla	Ĝangalo
Indigeno	Indiĝena
Insetti	Insektoj
Mammiferi	Mamuloj
Muschio	Musko
Natura	Naturo
Nuvole	Nuboj
Preservazione	Konservado
Prezioso	Valora
Restauro	Restaro
Rifugio	Rifuĝo
Rispetto	Respekto
Sopravvivenza	Supervivo
Specie	Specio
Uccelli	Birdoj

Forme
Formoj

Angolo	Angulo
Arco	Arko
Bordi	Randoj
Cerchio	Cirklo
Cilindro	Cilindro
Cono	Konuso
Cubo	Kubo
Curva	Kurbo
Ellisse	Elipso
Iperbole	Hiperbolo
Lato	Flanko
Linea	Linio
Ovale	Ovala
Piramide	Piramido
Poligono	Poligono
Prisma	Prismo
Quadrato	Kvadrato
Rettangolo	Rectangulo
Sfera	Sfero
Triangolo	Triangulo

Forniture Artistiche
Arto Provizoj

Acqua	Akvo
Acquerelli	Akvareloj
Acrilico	Akriliko
Argilla	Argilo
Carbone	Karbo
Carta	Papero
Cavalletto	Establo
Colla	Gluo
Colori	Koloroj
Creatività	Kreavo
Gomma	Eraser
Idee	Ideoj
Inchiostro	Inko
Matite	Krajonoj
Olio	Oleo
Pastelli	Pasteloj
Sedia	Seĝo
Spazzole	Brosoj
Tavolo	Tablo
Telecamera	Fotilo

Frutta
Frukto

Albicocca	Abrikoto
Ananas	Ananaso
Arancia	Oranĝo
Avocado	Avokado
Bacca	Bero
Banana	Banano
Ciliegia	Ĉerizo
Kiwi	Kivo
Lampone	Frambo
Limone	Citrono
Mango	Mango
Mela	Pomo
Melone	Melono
Mora	Ruso
Nettarina	Nektarino
Papaia	Papajo
Pera	Piro
Pesca	Persiko
Prugna	Pruno
Uva	Vinbero

Gatti
Katoj

Artiglio	Ungego
Cacciatore	Ĉasisto
Coda	Vosto
Curioso	Kurioza
Divertente	Amuza
Dormire	Dormi
Filo	Teksaĵo
Giocoso	Ludema
Indipendente	Sendependa
Pazzo	Freneza
Pelliccia	Felto
Personalità	Personeco
Poco	Eta
Selvaggio	Sovaĝa
Timido	Timita
Topo	Muso
Veloce	Rapide
Zampa	Paw

Geografia
Geografio

Altitudine	Alteco
Atlante	Atlaso
Città	Urbo
Continente	Kontinento
Emisfero	Hemisfero
Fiume	Rivero
Isola	Insulo
Latitudine	Latitudo
Mappa	Mapo
Mare	Maro
Meridiano	Meridiano
Mondo	Mondo
Montagna	Monto
Nord	Nordo
Oceano	Oceano
Ovest	Okcidento
Paese	Lando
Regione	Regiono
Sud	Sudo
Territorio	Teritorio

Geologia
Geologio

Acido	Acido
Altopiano	Altebenaĵo
Calcio	Kalcio
Caverna	Kaverno
Continente	Kontinento
Corallo	Koralo
Cristalli	Kristaloj
Erosione	Erozio
Fossile	Fosilo
Geyser	Gejsero
Lava	Lavo
Minerali	Mineraloj
Pietra	Ŝtono
Quarzo	Kvarco
Sale	Salo
Stalagmiti	Stalagmitoj
Stalattite	Stalaktito
Strato	Tavolo
Terremoto	Tertremo
Vulcano	Vulkano

Giardino
Ĝardeno

Albero	Arbo
Amaca	Hamako
Cespuglio	Arbusto
Erba	Herbo
Erbacce	Herboj
Fiore	Floro
Garage	Garaĝo
Giardino	Ĝardeno
Pala	Ŝovelilo
Panca	Benko
Portico	Verando
Prato	Gazono
Rastrello	Rasti
Recinto	Barilo
Stagno	Lageto
Suolo	Trulo
Terrazza	Teraso
Trampolino	Trampolino
Tubo	Hoso

Giocattoli
Ludiloj

Aereo	Aviadilo
Aquilone	Kajto
Argilla	Argilo
Artigianato	Metioj
Auto	Aŭto
Bambola	Pupo
Barca	Boato
Batteria	Tamburoj
Bicicletta	Biciklo
Camion	Kamiono
Giochi	Ludoj
Immaginazione	Imagpovo
Libri	Libroj
Palla	Pilko
Preferito	Ŝatata
Puzzle	Enigmo
Robot	Roboto
Scacchi	Ŝako
Treno	Trajno

Giorni e Mesi
Tagoj kaj Monatoj

Agosto	Aŭgusto
Anno	Jaro
Aprile	Aprilo
Calendario	Kalendaro
Dicembre	Decembro
Domenica	Dimanĉo
Febbraio	Februaro
Gennaio	Januaro
Giugno	Junio
Luglio	Julio
Lunedì	Lundo
Martedì	Mardo
Mercoledì	Merkredo
Mese	Monato
Novembre	Novembro
Ottobre	Oktobro
Sabato	Sabato
Settembre	Septembro
Settimana	Semajno
Venerdì	Vendredo

Guida
Veturado

Auto	Aŭto
Autobus	Buso
Carburante	Fuelo
Freni	Bremsoj
Garage	Garaĝo
Gas	Gazo
Incidente	Akcidento
Licenza	Permesilo
Mappa	Mapo
Moto	Motorciklo
Motore	Motoro
Pedonale	Piediranto
Pericolo	Danĝero
Polizia	Polico
Sicurezza	Sekureco
Strada	Vojo
Traffico	Trafiko
Trasporto	Transportado
Tunnel	Tunelo
Velocità	Rapido

Imbarcazioni
Boatoj

Albero	Masto
Ancora	Ankro
Barca a Vela	Velŝipo
Boa	Buo
Canoa	Kanuo
Corda	Ŝnuro
Equipaggio	Skipo
Fiume	Rivero
Kayak	Kajako
Lago	Lago
Mare	Maro
Marinaio	Maristo
Marittimo	Mare
Motore	Motoro
Nautico	Naŭtika
Oceano	Oceano
Onde	Ondoj
Traghetto	Primo
Yacht	Jaĉto
Zattera	Floso

Insetti
Insektoj

Afide	Afido
Ape	Abelo
Cavalletta	Akrido
Cicala	Cikado
Coccinella	Ladybug
Coleottero	Skarabo
Falena	Tineo
Farfalla	Papilio
Formica	Formiko
Larva	Larvo
Libellula	Libelo
Mantide	Mantiso
Pulce	Pulo
Scarafaggio	Blato
Termite	Termito
Verme	Vermo
Vespa	Vespo
Zanzara	Moskito

Letteratura
Literaturo

Analisi	Analizo
Analogia	Analogio
Aneddoto	Anekdoto
Autore	Aŭtoro
Biografia	Biografio
Conclusione	Konkludo
Confronto	Komparo
Descrizione	Priskribo
Dialogo	Dialogo
Genere	Varo
Metafora	Metaforo
Opinione	Opinio
Poesia	Poemo
Poetico	Poezia
Rima	Rimo
Ritmo	Ritmo
Romanzo	Romano
Stile	Stilo
Tema	Temo
Tragedia	Tragedio

Libri
Libroj

Autore	Aŭtoro
Avventura	Aventuro
Collezione	Kolekto
Contesto	Kunteksto
Dualità	Dueco
Epico	Epopea
Inventivo	Inventa
Letterario	Literatura
Lettore	Leganto
Narratore	Rakontanto
Pagina	Paĝo
Poesia	Poezio
Rilevante	Relevo
Romanzo	Romano
Scritto	Skriba
Serie	Serio
Storia	Rakonto
Storico	Historia
Tragico	Tragika
Umoristico	Humura

Mammiferi
Mamuloj

Balena	Baleno
Cane	Hundo
Canguro	Kanguruo
Cavallo	Ĉevalo
Cervo	Cervo
Coniglio	Kuniklo
Coyote	Kojoto
Delfino	Delfeno
Elefante	Elefanto
Gatto	Kato
Giraffa	Ĝirafo
Gorilla	Gorilo
Leone	Leono
Lupo	Lupo
Orso	Urso
Pecora	Ŝafo
Scimmia	Simio
Toro	Virbovo
Volpe	Vulpo
Zebra	Zebro

Matematica
Matematiko

Angoli	Anguloj
Aritmetica	Aritmetiko
Circonferenza	Cirkonferenco
Decimale	Decimala
Diametro	Diametro
Divisione	Divido
Equazione	Ekvacio
Esponente	Eksponento
Frazione	Frakcio
Geometria	Geometrio
Parallelo	Paralelo
Parallelogramma	Paralelogramo
Perimetro	Perimetro
Poligono	Poligono
Quadrato	Kvadrato
Rettangolo	Rectangulo
Simmetria	Simetrio
Somma	Sumo
Triangolo	Triangulo
Volume	Volumo

Meditazione
Meditado

Accettazione	Akcepto
Attenzione	Atentu
Calma	Trankvile
Chiarezza	Klareco
Compassione	Kompato
Emozioni	Emocioj
Felicità	Feliĉo
Gratitudine	Dankon
Mentale	Menta
Mente	Menso
Movimento	Movado
Musica	Muziko
Natura	Naturo
Osservazione	Observo
Pace	Paco
Pensieri	Pensoj
Postura	Sinteno
Prospettiva	Perspektivo
Respirazione	Spirado
Silenzio	Silento

Meteo
Vetero

Arcobaleno	Ĉielarko
Asciutto	Seka
Atmosfera	Atmosfero
Calma	Trankvile
Cielo	Ĉielo
Clima	Klimato
Fulmine	Fulmo
Ghiaccio	Glacio
Nebbia	Nebulo
Nube	Nubo
Polare	Polusa
Siccità	Sekeco
Temperatura	Temperaturo
Tempesta	Ŝtormo
Tornado	Tornado
Tropicale	Tropika
Tuono	Tondro
Umido	Humida
Uragano	Uragano
Vento	Vento

Misurazioni
Mezuradoj

Altezza	Alto
Byte	Bajto
Centimetro	Centimetro
Chilogrammo	Kilogramo
Chilometro	Kilometro
Decimale	Decimala
Grado	Grado
Grammo	Gramo
Larghezza	Larĝo
Litro	Litro
Lunghezza	Longo
Massa	Maso
Metro	Metro
Minuto	Minuto
Oncia	Unco
Peso	Pezo
Pollice	Colo
Profondità	Profundo
Tonnellata	Tuno
Volume	Volumo

Mitologia
Mitologio

Archetipo	Arketipo
Comportamento	Konduto
Creatura	Besto
Creazione	Kreo
Cultura	Kulturo
Disastro	Katastrofo
Divinità	Dioj
Eroe	Heroo
Forza	Forto
Fulmine	Fulmo
Gelosia	Ĵaluzo
Guerriero	Milito
Immortalità	Senmorteco
Labirinto	Labirinto
Leggenda	Legendo
Magico	Magia
Mortale	Morta
Mostro	Monstro
Tuono	Tondro
Vendetta	Venĝo

Mobili
Mebloj

Amaca	Hamako
Cuscini	Kusenoj
Cuscino	Kuseno
Divano	Sofo
Futon	Tremarktoroj
Lampada	Lampo
Letto	Lito
Materasso	Matraco
Panca	Benko
Poltrona	Brakseĝo
Scaffali	Bretoj
Scrivania	Skribotablo
Sedia	Seĝo
Specchio	Spegulo
Tappeto	Tapiŝo
Tende	Kurtenoj

Natura
Naturo

Animali	Bestoj
Api	Abeloj
Artico	Arkto
Bellezza	Beleco
Deserto	Dezerto
Dinamico	Dinamika
Erosione	Erozio
Fiume	Rivero
Fogliame	Folioj
Foresta	Arbaro
Ghiacciaio	Glacero
Montagne	Montoj
Nebbia	Nebulo
Nuvole	Nuboj
Santuario	Rifuĝo
Selvaggio	Sovaĝa
Sereno	Serena
Tropicale	Tropika
Vitale	Nemalhavebla

Numeri
Nombroj

Cinque	Kvin
Decimale	Decimala
Diciannove	Dek Naŭ
Diciassette	Dek Sep
Diciotto	Dek Ok
Dieci	Dek
Dodici	Dek Du
Due	Du
Nove	Naŭ
Otto	Ok
Quattordici	Dek Kvar
Quattro	Kvar
Quindici	Dek Kvin
Sedici	Dek Ses
Sei	Ses
Sette	Sep
Tre	Tri
Tredici	Dek Tri
Venti	Dudek
Zero	Nul

Nutrizione
Nutrado

Amaro	Amara
Appetito	Apetito
Bilanciato	Ekvilibra
Calorie	Kalorioj
Commestibile	Manĝebla
Dieta	Dieto
Digestione	Digesto
Fermentazione	Fermentado
Gusto	Gusto
Liquidi	Likvaĵoj
Nutriente	# Nutra? O
Peso	Pezo
Proteine	Proteinoj
Qualità	Kvalito
Salsa	Saŭco
Salute	Sano
Sano	Sana
Spezie	Specoj
Tossina	Toksino
Vitamina	Vitamino

Oceano
Oceano

Alghe	Algoj
Anguilla	Angilo
Balena	Baleno
Barca	Boato
Corallo	Koralo
Delfino	Delfeno
Gamberetto	Salikoko
Granchio	Krabo
Medusa	Meduzoj
Onde	Ondoj
Ostrica	Ostro
Pesce	Fiŝo
Polpo	Polpo
Sale	Salo
Scogliera	Rifo
Spugna	Spongo
Squalo	Ŝarko
Tartaruga	Testudo
Tempesta	Ŝtormo
Tonno	Tinuso

Paesaggi
Pejzaĝoj

Cascata	Akvofalo
Deserto	Dezerto
Dune	Dunoj
Fiume	Rivero
Geyser	Gejsero
Ghiacciaio	Glacero
Grotta	Kaverno
Iceberg	Glacebergo
Isola	Insulo
Lago	Lago
Mare	Maro
Montagna	Monto
Oasi	Oazo
Oceano	Oceano
Palude	Marĉo
Penisola	Peninsulo
Spiaggia	Plaĝo
Tundra	Tundro
Valle	Valo
Vulcano	Vulkano

Paesi #2
Landoj #2

Albania	Albanio
Danimarca	Danio
Etiopia	Etiopio
Giamaica	Jamajko
Giappone	Japanio
Grecia	Grekio
Haiti	Haitio
Indonesia	Indonezio
Irlanda	Irlando
Laos	Laoso
Liberia	Liberio
Messico	Meksiko
Nepal	Nepalo
Nigeria	Nigerio
Pakistan	Pakistano
Russia	Rusio
Siria	Sirio
Sudan	Sudano
Ucraina	Ukrainio
Uganda	Ugando

Pesca
Fiŝkaptado

Acqua	Akvo
Attrezzatura	Ekipaĵo
Barca	Boato
Branchie	Brikoj
Cesto	Korbo
Cucinare	Kuiristo
Esagerazione	Troigo
Esca	Logaĵo
Filo	Drato
Fiume	Rivero
Gancio	Hoko
Lago	Lago
Mascella	Makzelo
Oceano	Oceano
Pazienza	Pacienco
Peso	Pezo
Pinne	Naĝiloj
Spiaggia	Plaĝo
Stagione	Sezono

Piante
Plantoj

Albero	Arbo
Bacca	Bero
Bambù	Bambuo
Botanica	Botaniko
Cactus	Kakto
Cespuglio	Arbusto
Crescere	Kresku
Edera	Hedero
Erba	Herbo
Fagiolo	Fabo
Fertilizzante	Sterko
Fiore	Floro
Flora	Flora
Fogliame	Folioj
Foresta	Arbaro
Giardino	Ĝardeno
Muschio	Musko
Petalo	Petalo
Radice	Radiko
Vegetazione	Vegetaĵaro

Pirati
Piratoj

Ancora	Ankro
Avventura	Aventuro
Bandiera	Flago
Bussola	Kompaso
Capitano	Kapitano
Cattivo	Malbona
Cicatrice	Cikatro
Equipaggio	Skipo
Grotta	Kaverno
Isola	Insulo
Leggenda	Legendo
Mappa	Mapo
Monete	Moneroj
Oro	Oro
Pappagallo	Papago
Pericolo	Danĝero
Rum	Rumo
Spada	Glavo
Spiaggia	Plaĝo
Tesoro	Trezoro

Professioni #1
Profesioj #1

Allenatore	Trejnisto
Ambasciatore	Ambasadoro
Artista	Artisto
Astronomo	Astronomo
Avvocato	Advokato
Ballerino	Dancisto
Banchiere	Bankisto
Cacciatore	Ĉasisto
Cartografo	Kartografo
Editore	Redaktoro
Farmacista	Apotekisto
Geologo	Geologo
Gioielliere	Juvelisto
Idraulico	Plumbisto
Infermiera	Vartistino
Musicista	Muzikisto
Pianista	Pianisto
Psicologo	Psikologo
Scienziato	Sciencisto
Veterinario	Veterinaro

Professioni #2
Profesioj #2

Astronauta	Astronaŭto
Bibliotecario	Bibliotecario
Biologo	Biologo
Chirurgo	Kirurgo
Dentista	Dentisto
Filosofo	Filozofo
Fotografo	Fotisto
Giardiniere	Ĝardenisto
Giornalista	Ĵurnalisto
Illustratore	Ilustristo
Ingegnere	Inĝeniero
Insegnante	Instruisto
Inventore	Inventinto
Investigatore	Enketisto
Linguista	Lingvisto
Medico	Kuracisto
Pilota	Piloto
Pittore	Pentristo
Ricercatore	Esploristo
Zoologo	Zoologo

Riempire
Por Plenigi

Bacino	Baseno
Barile	Barelo
Borsa	Sako
Bottiglia	Botelo
Busta	Koverto
Cartella	Dosierujo
Cartone	Kartono
Cassetto	Kesto
Cesto	Korbo
Pacchetto	Paketo
Secchio	Sitelo
Tasca	Poŝo
Tubo	Tubo
Valigia	Valizo
Vaso	Vazo
Vassoio	Plato

Ristorante #1
Restoracio Numero 1

Allergia	Alergio
Caffè	Kafo
Cameriera	Kelnerino
Carne	Viando
Cassiere	Kasisto
Cibo	Manĝo
Ciotola	Bovlo
Coltello	Tranĉilo
Cucina	Kuirejo
Dessert	Deserto
Ingredienti	Ingredientej
Menù	Menuo
Pane	Pano
Piccante	Spica
Pollo	Kokido
Prenotazione	Rezervado
Salsa	Saŭco
Tovagliolo	Buŝtuko

Ristorante #2
Restoracio #2

Acqua	Akvo
Bevanda	Trinkaĵo
Cameriere	Kelnero
Cena	Vespermanĝo
Cucchiaio	Kulero
Delizioso	Bonaj
Forchetta	Forko
Frutta	Frukto
Ghiaccio	Glacio
Insalata	Salato
Minestra	Supo
Pesce	Fiŝo
Pranzo	Tagmanĝo
Sale	Salo
Sedia	Seĝo
Spezie	Specoj
Torta	Kuko
Uova	Ovoj
Verdure	Legomoj

Scacchi
Ŝako

Avversario	Kontraŭulo
Bianco	Blanka
Campione	Ĉampiono
Concorso	Konkurso
Diagonale	Diagonala
Giocatore	Ludanto
Gioco	Ludo
Nero	Nigra
Passivo	Pasiva
Punti	Punktoj
Re	Reĝo
Regina	Reĝino
Regole	Reguloj
Sacrificio	Ofero
Strategia	Strategio
Tempo	Tempo
Torneo	Turno

Scienza
Scienco

Atomo	Atomo
Chimico	Kemiko
Clima	Klimato
Dati	Datumo
Esperimento	Eksperimento
Evoluzione	Evoluo
Fatto	Fakto
Fisica	Fiziko
Fossile	Fosilo
Gravità	Gravito
Ipotesi	Hipotezo
Laboratorio	Laboratorio
Metodo	Metodo
Minerali	Mineraloj
Molecole	Molekuloj
Natura	Naturo
Organismo	Organismo
Osservazione	Observo
Particelle	Eroj
Scienziato	Sciencisto

Scuola #1
Lernejo Numero 1

Alfabeto	Alfabeto
Amici	Amikoj
Aula	Klasĉambro
Biblioteca	Biblioteko
Carta	Papero
Cartelle	Dosierujoj
Divertimento	Amuza
Esami	Ekzamenoj
Insegnante	Instruisto
Libri	Libroj
Matematica	Matematiko
Matita	Krajono
Penne	Plumoj
Pranzo	Tagmanĝo
Risposte	Respondoj
Scrivania	Skribotablo
Sedia	Seĝo

Scuola #2
Lernejo #2

Accademico	Akademia
Autobus	Buso
Biblioteca	Biblioteko
Calendario	Kalendaro
Carta	Papero
Computer	Komputilo
Dizionario	Vortaro
Educazione	Eduko
Forbici	Tondilo
Giochi	Ludoj
Grammatica	Gramatiko
Insegnante	Instruisto
Letteratura	Literaturo
Lettura	Legado
Libri	Libroj
Matematica	Matematiko
Matita	Krajono
Scarpe	Ŝuoj
Scienza	Scienco
Zaino	Dorsosako

Spezie
Spicoj

Aglio	Ajlo
Amaro	Amara
Anice	Anizo
Cannella	Cinamo
Cardamomo	Cardamom
Cipolla	Cepo
Coriandolo	Koriandro
Cumino	Kumino
Curcuma	Turmeric
Curry	Curry
Dolce	Dolĉa
Finocchio	Fenkolo
Gusto	Gusto
Liquirizia	Glikorico
Noce Moscata	Nutmeg
Pepe	Pipro
Sale	Salo
Vaniglia	Vanilo
Zafferano	Safrano
Zenzero	Zingibro

Spiaggia
Strando

Asciugamano	Tuko
Barca	Boato
Barca a Vela	Velŝipo
Blu	Blua
Costa	Marbordo
Dock	Doko
Granchio	Krabo
Isola	Insulo
Laguna	Laguno
Mare	Maro
Oceano	Oceano
Ombrello	Ombrelo
Sabbia	Sablo
Sandali	Sandaloj
Scogliera	Rifo
Sole	Suno
Vacanza	Ferio

Sport
Sportoj

Allenatore	Trejnisto
Atleta	Atleto
Baseball	Basbalo
Basket	Basketbalo
Bicicletta	Biciklo
Campionato	Ĉampionado
Ginnastica	Gimnastiko
Giocatore	Ludanto
Gioco	Ludo
Golf	Golfo
Hockey	Hokeo
Movimento	Movado
Palestra	Gimnazio
Squadra	Teamo
Stadio	Stadio
Tennis	Teniso
Vincitore	Gajninto

Strumenti
Iloj

Ascia	Hakilo
Cavo	Kablo
Colla	Gluo
Coltello	Tranĉilo
Corda	Ŝnuro
Cucitrice	Agrafilo
Forbici	Tondilo
Maglio	Maleo
Martello	Martelo
Pala	Ŝovelilo
Pinze	Tenajlojn
Rasoio	Razilo
Ruota	Rado
Scala	Ŝtupetaro
Torcia	Torĉo
Vite	Ŝraŭbo

Strumenti Musicali
Muzikaj Instrumentoj

Armonica	Harmoniko
Arpa	Harpo
Banjo	Banjo
Chitarra	Gitaro
Clarinetto	Klarneto
Fagotto	Fagoto
Flauto	Fluto
Gong	Gong
Mandolino	Mandolino
Oboe	Hobojo
Pianoforte	Piano
Sassofono	Saksofono
Tamburello	Tamburino
Tamburo	Tamburo
Tromba	Trumpeto
Trombone	Trombono
Violino	Violono
Violoncello	Violonĉelo

Surf
Surfado

Atleta	Atleto
Campione	Ĉampiono
Divertimento	Amuza
Estremo	Ekstrema
Folla	Amasoj
Forza	Forto
Meteo	Vetero
Oceano	Oceano
Onda	Ondo
Popolare	Populara
Principiante	Komencanto
Schiuma	Ŝaŭmo
Scogliera	Rifo
Spiaggia	Plaĝo
Stile	Stilo
Stomaco	Stomako
Velocità	Rapido

Tecnologia
Teknologio

Browser	Retumilo
Byte	Bajtoj
Computer	Komputilo
Cursore	Kursoro
Dati	Datumo
Digitale	Digitalo
File	Dosiero
Font	Tiparo
Internet	Interreto
Messaggio	Mesaĝo
Ricerca	Esplorado
Schermo	Ekrano
Sicurezza	Sekureco
Software	Softvaro
Statistiche	Statistiko
Telecamera	Fotilo
Virtuale	Virtuala
Virus	Viruso

Tempo
Tempo

Anno	Jaro
Calendario	Kalendaro
Decennio	Jardeko
Dopo	Post
Futuro	Estonteco
Giorno	Tago
Ieri	Hieraŭ
Mattina	Mateno
Mese	Monato
Mezzogiorno	Tagmezo
Minuto	Minuto
Momento	Momento
Notte	Nokto
Oggi	Hodiaŭ
Ora	Hora
Orologio	Horloĝo
Presto	Baldaŭ
Prima	Antaŭ
Secolo	Jarcento
Settimana	Semajno

Tipi di Capelli
Haraj Tipoj

Argento	Arĝento
Asciutto	Seka
Bianco	Blanka
Biondo	Blonda
Breve	Mallonga
Calvo	Kalva
Colorato	Koloraj
Grigio	Griza
Intrecciato	Braided
Liscio	Glata
Lungo	Longa
Marrone	Bruna
Morbido	Mola
Nero	Nigra
Riccio	Bukla
Riccioli	Bukloj
Sano	Sana
Sottile	Maldika
Spessore	Dika
Trecce	Plektaĵoj

Uccelli
Birdoj

Airone	Ardeo
Anatra	Anaso
Aquila	Aglo
Cicogna	Cikonio
Cigno	Cigno
Cuculo	Kukolo
Falco	Falko
Fenicottero	Flamingo
Gabbiano	Mevo
Oca	Ansero
Pappagallo	Papago
Passero	Pasero
Pavone	Pavo
Pellicano	Pelikano
Piccione	Kolombo
Pinguino	Pingveno
Pollo	Kokido
Struzzo	Struto
Tucano	Toucan
Uovo	Ovo

Vacanza #1
Ferio #1

Aereo	Aviadilo
Auto	Aŭto
Biglietto	Bileto
Dogana	Dogano
Itinerario	Itinero
Lago	Lago
Museo	Muzeo
Ombrello	Ombrelo
Partenza	Parto
Rilassamento	Malstreĉiĝo
Spedizione	Expedicio
Tram	Tramo
Turismo	Turisto
Valigia	Valizo
Valuta	Valuto
Zaino	Dorsosako

Vacanze #2
Ferio #2

Aeroporto	Flughaveno
Campeggio	Tendumado
Destinazione	Destino
Foto	Fotoj
Hotel	Hotelo
Isola	Insulo
Mappa	Mapo
Mare	Maro
Passaporto	Pasporto
Ristorante	Restoracio
Spiaggia	Plaĝo
Straniero	Fremdulo
Taxi	Taksio
Tempo Libero	Libertempo
Tenda	Tendo
Trasporto	Transportado
Treno	Trajno
Vacanza	Ferio
Viaggio	Vojaĝo
Visto	Viza

Veicoli
Veturiloj

Aereo	Aviadilo
Ambulanza	Ambulanco
Auto	Aŭto
Autobus	Buso
Barca	Boato
Bicicletta	Biciklo
Camion	Kamiono
Caravan	Karavano
Elicottero	Helikoptero
Metropolitana	Metroo
Motore	Motoro
Pneumatici	Pneŭoj
Razzo	Raketo
Scooter	Skotero
Sottomarino	Submarŝipo
Taxi	Taksio
Traghetto	Primo
Trattore	Tractor
Treno	Trajno
Zattera	Floso

Verdure
Legomoj

Aglio	Ajlo
Broccolo	Brokolo
Carciofo	Artiŝoko
Carota	Karoto
Cetriolo	Kukumo
Cipolla	Cepo
Fungo	Fungo
Insalata	Salato
Melanzana	Melanzo
Patata	Terpomo
Pisello	Pizo
Pomodoro	Tomato
Prezzemolo	Petroselo
Rapa	Rapo
Ravanello	Rafano
Scalogno	Shallot
Sedano	Celerio
Spinaci	Spinaco
Zenzero	Zingibro
Zucca	Kukurbo

Vestiti
Vestoj

Abito	Vesto
Braccialetto	Braceleto
Calzini	Ŝtrumpetoj
Camicetta	Bluzo
Camicia	Ĉemizo
Cappello	Ĉapelo
Cappotto	Mantelo
Cintura	Zono
Collana	Koliero
Giacca	Jako
Gonna	Jupo
Grembiule	Antaŭtuko
Guanti	Gantoj
Maglione	Seveter
Moda	Modo
Pantaloni	Pantalono
Pigiama	Piĵamo
Sandali	Sandaloj
Scarpa	Ŝuo
Sciarpa	Skulo

Virtù #1
Virtoj #1

Affascinante	Ĉarma
Affidabile	Fidinda
Appassionato	Pasia
Artistico	Arta
Buono	Bona
Curioso	Kurioza
Decisivo	Decida
Divertente	Amuza
Efficiente	Efika
Generoso	Malavara
Indipendente	Sendependa
Intelligente	Inteligenta
Modesto	Modesta
Paziente	Paciento
Pratico	Praktika
Pulito	Pura
Saggio	Saĝa
Utile	Helpema

Congratulazioni

Ce l'hai fatta!

Speriamo che questo libro vi sia piaciuto tanto quanto a noi è piaciuto concepirlo. Ci sforziamo di creare libri della più alta qualità possibile.
Questa edizione è progettata per fornire un apprendimento intelligente, di qualità e divertente!

Le è piaciuto questo libro?

Una Semplice Richiesta

Questi libri esistono grazie alle recensioni che pubblicate.

Puoi aiutarci lasciando una recensione
ora a questo link ?

BestBooksActivity.com/Recensioni50

SFIDA FINALE!

Sfida n°1

Sei pronto per il tuo gioco gratuito? Li usiamo sempre, ma non sono così facili da trovare - ecco i **Sinonimi!**

Scrivi 5 parole che hai trovato nei puzzle (n° 21, n° 36, n° 76) e prova a trovare 2 sinonimi per ogni parola.

Scrivi 5 parole del *Puzzle 21*

Parole	Sinonimo 1	Sinonimo 2

Scrivi 5 parole del *Puzzle 36*

Parole	Sinonimo 1	Sinonimo 2

Scrivi 5 parole del *Puzzle 76*

Parole	Sinonimo 1	Sinonimo 2

Sfida n°2

Ora che ti sei riscaldato, scrivi 5 parole che hai trovato nei puzzle n° 9, n° 17 e n° 25 e cerca di trovare 2 contrari per ogni parola. Quanti ne puoi trovare in 20 minuti?

Scrivi 5 parole del **Puzzle 9**

Parole	Antonimo 1	Antonimo 2

Scrivi 5 parole del **Puzzle 17**

Parole	Antonimo 1	Antonimo 2

Scrivi 5 parole del **Puzzle 25**

Parole	Antonimo 1	Antonimo 2

Sfida n°3

Grande! Questa sfida non è niente per te!

Pronto per la sfida finale? Scegli 10 parole che hai scoperto nei diversi puzzle e scrivile qui sotto.

1.	6.
2.	7.
3.	8.
4.	9.
5.	10.

Ora scrivi un testo pensando a una persona, un animale o un luogo che ti piace.

Puoi usare l'ultima pagina di questo libro come bozza.

La tua composizione:

TACCUINO:

A PRESTO!

Tutta la Squadra

SCOPRIRE GIOCHI GRATIS

GO

↓

BESTACTIVITYBOOKS.COM/FREEGAMES

www.ingramcontent.com/pod-product-compliance
Lightning Source LLC
Chambersburg PA
CBHW082052120626
46553CB00011B/3372